सत्यजित राय

2 मई, 1921 को गड़पार रोड, दक्षिणी कलकत्ता (बंगाल) में जन्म। पिता सुकुमार राय एक प्रतिष्ठित व्यक्ति थे। प्रारम्भिक शिक्षा घर पर हुई। पाँच साल की आयु में माँ सुप्रभा राय के साथ भवानीपुर में नाना के घर जाकर रहने लगे। 1936 में बालीगंज गवर्नमेंट हाई स्कूल से मैट्रिक पास किया।

बांग्ला फ़िल्मों के अन्तरराष्ट्रीय ख्यातिप्राप्त निदेशक होने के साथ-साथ उच्च कोटि के संगीतकार, चित्रकार, छायाकार, पत्रकार और लेखक। बच्चों के लिए विशेष तौर पर काम किया है।

'पथेर पांचाली' उनकी विश्वप्रसिद्ध बांग्ला फ़िल्म है। हिन्दी सिनेमा को भी उन्होंने 'सद्गति' और 'शतरंज के खिलाड़ी' जैसी फ़िल्में दीं। अपनी कला-मर्मज्ञता के कारण वे कई उच्चस्तरीय राष्ट्रीय व अन्तरराष्ट्रीय समितियों के पदाधिकारी रहे। ऑस्कर समेत अनेक पुरस्कारों से सम्मानित।

निधन : 23 अप्रैल, 1992

सोने का किला

सत्यजित राय

अनुवाद
रमेश थानवी

राजकमल पेपरबैक्स

पहला पुस्तकालय संस्करण
राजकमल प्रकाशन प्राइवेट लिमिटेड द्वारा
1975 में प्रकाशित

राजकमल पेपरबैक्स में
पहला संस्करण : 2010
पाँचवाँ संस्करण : 2025

राजकमल पेपरबैक्स : उत्कृष्ट साहित्य के जनसुलभ संस्करण

राजकमल प्रकाशन प्रा.लि.
1-बी, नेताजी सुभाष मार्ग, दरियागंज
नई दिल्ली-110 002
द्वारा प्रकाशित

शाखाएँ : अशोक राजपथ, साइंस कॉलेज के सामने, पटना-800 006
पहली मंजिल, दरबारी बिल्डिंग, महात्मा गांधी मार्ग, प्रयागराज-211 001
1, अनमोल सोराबजी सन्तुक लेन, धोबी तलाव, मरीन लाइस, मुम्बई-400 002

वेबसाइट : www.rajkamalprakashan.com
ई-मेल : info@rajkamalprakashan.com

अन्दर के चित्र : सत्यजित राय

बी.के. ऑफसेट
नवीन शाहदरा, दिल्ली-110 032
द्वारा मुद्रित

मूल्य : ₹ 199

SONE KA QULA
Novel by Satyajit Roy
Translated by Ramesh Thanavi

ISBN : 978-81-267-1882-5

सोने का किला

1

फेलूदा ने फटाक से किताब बंद की, दो चुटकी बजाकर एक लंबी जम्हाई ली और बोले, 'ज्योमेट्री'।

मैंने पूछा, 'क्या अब तक 'ज्योमेट्री' की किताब पढ़ रहे थे?'

किताब पर एक अखबार के कागज का कवर चढ़ा था, इसलिए उसका नाम तो नहीं पढ़ा जा सका लेकिन इतना मैं जरूर जानता हूँ कि यह किताब सिधु ताऊ से माँगकर लाई हुई है। सिधु ताऊ को भी किताबें खरीदने की एक खास सनक है। जितने चाव से खरीदते हैं उतने ही जतन से रखते भी हैं। वे हर किसी को अपनी किताब उधार भी नहीं देते लेकिन फेलूदा को ना भी नहीं कहते। फेलूदा भी सिधु ताऊ की पुस्तक घर लाते ही उस पर कवर चढ़ा देते हैं।

चारमीनार सिगरेट पीते-पीते फेलूदा ने फर-फर धुएँ के छल्ले हवा में छोड़े और बोले, 'ज्योमेट्री की कोई अलग किताब नहीं होती। कोई भी किताब ज्योमेट्री की हो सकती है, क्योंकि सारा जीवन ही ज्योमेट्री है। अभी तुमने देखा ही होगा कि धुएँ के छल्ले जब मैंने हवा में छोड़े तो पूर्ण वृत्त बने थे। एक बार जरा सोचकर देखो कि ये पूर्ण वृत्त सारे ब्रह्मांड में कैसे छाए हुए हैं? तुम्हारे अपने शरीर में देखो। तुम्हारी आँख की पुतली भी एक वृत्त है। इसी वृत्त से तुम आकाश के चाँद, तारे और सूर्य देख पाते हो।

इसी गोले की यदि तुम एक सपाट गोले के रूप में कल्पना करो तो यह एक ठोस बुदबुदा है अर्थात ज्योमेट्री है। सौर जगत में सारे ग्रह अंडाकार रास्ते से सूर्य की परिक्रमा करते हैं–यह भी ज्योमेट्री है। अभी तुमने खिड़की में से सड़क पर थूक फेंका–सड़क पर यूँ थूकना स्वास्थ्य के लिए ठीक नहीं है, और अगली बार ऐसा किया तो पिटोगे भी, लेकिन जिस रास्ते में से तुम्हारा थूक खिड़की में से होकर सड़क तक पहुँचा वह एक पेरेबोलिक कर्व था–यह भी ज्योमेट्री। तुमने मकड़ी का जाला कभी गौर से देखा है? जानते हो मकड़ी के जाले की ज्योमेट्री भी कितनी जटिल है। यह जाल एक सरल चतुर्भुज से बनना शुरू होता है। फिर उस सरल चतुर्भुज में दो कर्ण डालकर चार त्रिभुज बनाए जाते हैं। फिर ये कर्ण जिस बिंदु पर एक-दूसरे को काटते हैं उसी बिंदु से गोल जाल की बुनावट शुरू होती है–और वह फैलता-फैलता पूरे चतुर्भुज में फैल जाता है। मामला यह बड़े ताज्जुब का है और इस बारे में सोचने लगो तो सोचते ही रह जाओगे–ओर-छोर कभी मिलने का नहीं...'

रविवार को सवेरे हम दो लोग मेरे घर पर नीचे की मंजिल के बैठकखाने (बैठक के कमरे) में बैठे थे। बाबा अपने रविवार के नियमानुसार अपने बचपन के दोस्त सुविमल काका के घर गपशप करने गए हुए थे। फेलूदा सोफे पर बैठे थे और अपने पाँव उन्होंने सामने रखी टेबल पर टिका रखे थे। मैं तख्त पर दीवार के साथ लगे गोल तकिए का सहारा लेकर बैठा था। मेरे हाथ में प्लास्टिक का वह गोरखधंधा था, जिसमें लोहे की गोलियाँ होती हैं। कोई आध घंटे से मैं उन गोलियों को बीच के खाने में ले जाने की कोशिश कर रहा था। तब समझ में आया कि यह भी जटिल ज्योमेट्री का ही एक मामला है।

पड़ोस में ही नीहार-पिंटू के घर पूजा के पंडाल में लाउडस्पीकर में 'कटी पतंग' फिल्म का गाना 'ये जो मोहब्बत है' बज रहा है। ग्रामोफोन के गोल रेकार्ड में भी कई सूक्ष्म लकीरें खुदी रहती हैं, अर्थात–ज्योमेट्री।

'केवल आँख से देखनेवाली बात ही नहीं है' फेलूदा कहते गए 'मनुष्य के मन के मामलों को भी ज्योमेट्री की सहायता से जाना जाता है।

सीधे-सीधे आदमी का मन सरल रेखा में चलता है। खराब आदमी का मन साँप की तरह टेढ़ा-मेढ़ा चलता है। पागल का मन कब किधर चल पड़े यह कोई नहीं कह सकता। यहाँ भी वही जटिल ज्योमेट्री।'

फेलूदा के साथ दोस्ती होने के कारण मुझे कई सीधे-टेढ़े, पागल-वागल लोगों से बातचीत करने का मौका मिला है। मैं अभी यही सोच रहा था कि फेलूदा खुद ज्योमेट्री के किस खाने में फिट बैठते हैं। जब खुद उनसे यह सवाल किया तो कहते हैं, 'एक मेनी-पॉइंटेड स्टार या धूमकेतु कह सकते हो।'

'तो मैं क्या उस धूमकेतु का उपग्रह हूँ?'

'तुम एक बिंदु हो, जिसका अर्थ डिक्शनरी के हिसाब से 'परिमाणहीन स्थान निर्देशक चिह्न' होता है।'

मुझे तो अपना ही उपग्रह कहलाना अच्छा लगता है लेकिन अफसोस यही है कि हर समय उपग्रह बने रहना संभव नहीं है। गंगटोक के घोटाले के मामले में मैं उनके साथ जरूर था लेकिन तब तो मेरी छुट्टियाँ थीं। उसके बाद छानबीन के दो मामले और आए थे। एक था धलभूमगढ़ में खून का मामला तथा दूसरा था पटना में एक जाली वसीयतनामे का मामला। इन मामलों की छानबीन में मैं फेलूदा के साथ नहीं जा सका था। अभी पूजा की छुट्टियाँ हैं, मैं कई दिन से सोच रहा था कि इस समय कोई केस आ जाता तो मजा आ जाता। लेकिन सचमुच ही आ जाएगा, ऐसा नहीं सोचा था। हालाँकि फेलूदा तो कहते हैं कि किसी वस्तु को पाने की मन में प्रबल इच्छा करते रहो तो वह स्वतः प्राप्त हो जाती है। लेकिन आज जो घटा उसे मेरे चाहते रहने का ही फल मान लेने में मुझे कोई एतराज नहीं है।

पिंटू के घर पर लाउडस्पीकर में अभी ही 'जॉनी मेरा नाम' का गाना लगा था, फेलूदा ने सिगरेट की राख ऐश ट्रे में झाड़ते हुए हिन्दुस्तान स्टेंडर्ड का पन्ना हाथ में लिया था और मैं एक सड़क तक जा आने की सोच रहा था कि बाहर के दरवाजे का कुंडा किसी ने जोर से खटखटाया। बाबा तो

12 बजे से पहले लौटनेवाले नहीं थे, अतः लगा कि कोई दूसरे साहब ही होंगे। दरवाजा खोला तो देखा, धोती और नीली कमीज पहने निरीह से लगते हुए एक सज्जन खड़े थे।

'इस घर में प्रदोष मित्तिर रहते हैं क्या?' लाउडस्पीकर जोर से बज रहा था अतः उन साहब को सवाल काफी ऊँचे स्वर में पूछना पड़ा। अपना नाम सुनकर फेलूदा दरवाजे की ओर आए।

'कहाँ से आए हैं?'

'जी, मैं श्याम बाजार से आया हूँ।'

'भीतर आइए।'

वे साहब घर में चले आए।

'बैठिए, मैं ही प्रदोष मित्तिर हूँ।'

'ओह–आप इतने युवा हैं, यह तो मैं ठीक से...'

वे सज्जन गद्‌गद होते हुए सोफे पर बैठ गए थे। बैठने के साथ ही उनकी हँसी गायब हो गई थी।

'क्या मामला है?' फेलूदा ने पूछा।

वे गला खँखारकर बोले, 'कैलाश चौधुरी से आपकी बहुत तारीफ सुनी है। वे हमारे एक ग्राहक हैं। मेरा नाम सुधीर धर है। कॉलेज स्ट्रीट में हमारी एक किताबों की दुकान है–'धर एंड कं.,' आपने शायद कभी देखी भी हो।

फेलूदा ने सिर हिलाकर 'हाँ' कहा और मुझसे कहा, 'तोप्से, खिड़की बंद कर दो।'

रास्ते की तरफ खुलनेवाली खिड़की बंद कर देने से बाहर बज रहे गानों की आवाज अंदर आनी कम हो गई थी, अतः वे सज्जन बाकी बात स्वाभाविक स्वर में कह पा रहे थे।

'कोई सात दिन पहले अखबार में मेरे लड़के के बारे में एक खबर छपी थी–आपने क्या...'

'क्या खबर थी, बताइए?'

'वह पूर्व जन्म की बात याद रखनेवाला...'

'वो—क्या मुकुल नाम का लड़का?'

'जी हाँ।'

'वह खबर क्या सही थी?'

'वह जिस तरह की बात करता है उससे तो...'

पूर्व जन्म की कथा कहनेवालों का मुझे पता है। कुछेक लोग होते हैं जिन्हें हठात पूर्व जन्म की बात याद आ जाती है। उन्हें बांग्ला में 'जातिस्मर' कहते हैं। लेकिन वास्तव में पूर्व जन्म जैसा कुछ होता है ऐसा फेलूदा भी नहीं जानते हैं।

फेलूदा ने चारमीनार का पैकेट खोलकर उन साहब की तरफ बढ़ाया। उन्होंने मुस्कराकर सिर हिलाया और कहा कि वे सिगरेट नहीं पीते हैं। इसके बाद वे बोले, 'आपको शायद याद होगा कि मेरे लड़के की उम्र आठ साल है—एक स्थान का वर्णन करता हुआ कहता है कि वह भी वहाँ गया था। लेकिन उस स्थान पर मेरा बेटा तो क्या मेरे बाप-दादे भी नहीं गए थे। कैसे गरीब-गुजरान करते हैं हम लोग, यह तो आप जानते ही हैं। दुकान भी आपने देखी ही है, और इधर तो किताबों का व्यापार दिन-ब-दिन...

'आपका लड़का तो एक किले की बात करता है ना?' फेलूदा ने बीच में ही उन्हें रोककर पूछा।

'जी हाँ, कहता है कि—सोने का किला। उस पर तोपें रखी हैं, युद्ध हो रहा है, आदमी मर रहे हैं। यह सब वह देख रहा है। वह खुद पगड़ी बाँधे ऊँट पर बैठा बालू के टीबों पर घूमता था। बालू की बात बहुत करता है। और हाँ, मोर की बात भी बताता है तथा हाथी-घोड़ों की बात भी। उसके हाथ पर कोहनी के पास एक दाग है—जन्म से ही। हम तो इसे जन्मदाग ही समझते थे लेकिन वह कहता है कि एक बार मोर ने वहाँ चोंच की चोट मारी थी और यह उसी का दाग है।'

'क्या वह सही-सही बता सकता है कि वह कहाँ रहता था?'

'नहीं—लेकिन कहता है कि उसके घर से सोने का किला दिखाई पड़ता था। कभी-कभी पेंसिल से कागज पर ऊटपटाँग बनाता है और कहता है कि यह मेरा घर था। देखकर तो घर-जैसा ही लगता है उसका स्केच।'

'कहीं किसी किताब में तो उसने किसी ऐसी जगह का फोटो नहीं देखा? आपकी तो किताबों की दुकान है....'

'हाँ, यह संभव है, लेकिन फोटो की किताबें तो कई बच्चे देखते हैं, वे क्या चौबीसों घंटे ही इसी की बात करते रहते हैं? आपने मेरे लड़के को देखा नहीं है इसलिए; सच पूछें तो उसका मन कहीं और ही फँसा रहता है। अपना घर, माँ-बाप, भाई-बहन, तथा अपने संबंधी कोई भी उसके अपने नहीं हैं। हमसे तो नजर मिलाकर बात ही नहीं करता है।'

'कब से यह सब कहना शुरू किया है?' फेलूदा ने पूछा।

'यही करीब दो महीने से, जब से उसने वह स्केच बनाना शुरू किया

तब से ही। बात दरअसल वहीं से शुरू होती है। उस दिन खूब वर्षा हुई थी, मैं दुकान से लौटा ही था कि उसने आकर वह तसवीर दिखाई। शुरू में तो गौर नहीं किया, बचपन में कई तरह का पागलपन सवार होता है। कान में जरूर भिनभिना-सा रहा था कुछ, लेकिन कान ही नहीं दिया। मेरी पत्नी ने ही पहले ध्यान दिया। तब कुछ दिन बाद उसकी सारी बात सुनकर, उसके सारे हाव-भाव देखकर, हमारे एक ग्राहक हैं—नाम सुना है आपने?—डॉक्टर हेमांग हाजारे।'

'हाँ-हाँ, पैरासाइकोलोजिस्ट। सुना तो था ही। अखबार में निकला था कि वही तो आपके लड़के को लेकर कहीं घूमने जा रहे थे।'

'थे नहीं, आलरेडी चले गए हैं। तीन दिन तक हमारे घर आए और कहने लगे कि लगता है कि यह तो राजस्थान की बात करता है। मैंने कहा हाँ, हो सकता है। आखिर में वे बोले कि आपका लड़का तो 'जातिस्मर' लगता है—पूर्व जन्म की बात जाननेवाला। मेरी शोध का विषय भी यही है। मैं तुम्हारे लड़के को लेकर राजस्थान जाऊँगा, सही जगह अगर ले जा सकूँ तो शायद उसे और भी बहुत कुछ याद आ सकता है। तब मुझे काफी सुविधा हो जाएगी। उसका खर्च भी मैं ही उठाऊँगा, तुम्हारे लड़के को खूब प्यार से रखूँगा, आपको किसी तरह की सोच-फिक्र की जरूरत नहीं।'

'फिर क्या हुआ?' फेलूदा के स्वर ऊँचा करने और कुर्सी आगे खिसकाकर बैठने से लगा कि अब वे काफी रुचि ले रहे हैं।

'फिर क्या, वे मुकुल को लेकर चले गए।'

'लड़के ने कोई एतराज नहीं किया?'

उन साहब ने रूखी हँसी हँसकर पूछा 'हूँ, कहाँ हैं आप? जैसे ही सोने का किला दिखाने का नाम लिया तो तुरंत उछल पड़ा। आपने तो मेरे लड़के को देखा नहीं है ना, वह बाकी लड़कों की तरह नहीं है। बिलकुल ही अलग है। रात तीन बजे उठकर बैठ जाता है। गीत गुनगुनाने लगता है। फिल्म के गाने-वाने भी नहीं, कोई देहाती तर्ज होती है लेकिन बंगाल के किसी देहात की तर्ज नहीं। मैं वैसे थोड़ा-बहुत हारमोनियम भी बजा लेता हूँ

लेकिन वह तर्ज तो।...'

उन्होंने इतनी सब बातें तो बताईं, लेकिन फेलूदा के पास क्यों आए, जासूसी की क्या जरूरत पड़ी यह सब उन्होंने अभी तक नहीं बताया था। सहसा फेलूदा के ही एक सवाल से सारी कहानी ने दूसरा मोड़ ले लिया।

'आपके लड़के ने तो किसी गड़े खजाने की भी तो बात बताई है ना?'

फेलूदा की बात सुनकर उन्होंने एक लंबा निःश्वास छोड़ा, सहसा थोड़े ढीले पड़े और बोले, 'सारा गड़बड़घोटाला ही यही तो है। हमें बताया सो तो ठीक, लेकिन अखबार के रिपोर्टरों को बता करके तो सारा मामला ही चौपट कर दिया।'

'चौपट? चौपट कैसे कहते हैं साहब?' यह पूछते हुए फेलूदा ने अपने नौकर श्रीनाथ को आवाज देकर चाय लाने को कहा।

'चौपट क्यों यह तो आपकी समझ में आ जाएगा। हेमांग बाबू कल ही हमारे बच्चे को लेकर तूफान-एक्सप्रेस से राजस्थान रवाना हुए हैं और...'

फेलूदा ने बीच में टोककर पूछा–'राजस्थान में किस जगह गए हैं, यह आप जानते हैं?'

सुधीर बाबू ने कहा, 'उन्होंने शायद जोधपुर ही बताया था। कह रहे थे कि जब बालू रेत के टीबों की बात करता है तो उत्तर-पश्चिम राजस्थान से ही शुरू करें। खैर! उसे जाने दीजिए–दरअसल कल शाम को हम लोगों के मोहल्ले में से मुकुल की उम्र के किसी एक लड़के को कोई पकड़कर ले गया!'

'क्या आप यह मानते हैं कि आपके लड़के के धोखे में किसी दूसरे को ले गया।'

'इसमें–तो कोई संदेह ही नहीं क्योंकि दोनों के चेहरे काफी मिलते हैं। हमारे मोहल्ले में वकील शिवरतन मुखर्जी का घर है। यह लड़का इसी घर का लड़का है, मुखर्जी साहब का नाती है, नाम नीलू है। उनके घर में

कैसा रोना-धोना और पुलिस-टुलिस का कैसा हंगामा रहा होगा यह आप समझ ही सकते हैं। अब उसके पा जाने पर सभी कुछ शान्त हो गया है।'

'इतनी जल्दी वापस कर दिया?'

'आज सवेरे ही। लेकिन उससे क्या होता है साहब! मेरा तो इधर सिर चकरा गया है। जिन लोगों ने उसे पकड़ा था वे यह तो समझ गए थे कि उन्होंने गलत लड़के को पकड़ा है। लेकिन उस लड़के ने उन्हें बता दिया कि मुकुल जोधपुर गया है। अब गुप्त धन के चक्कर में वे गुंडे अगर राजस्थान जाकर पीछा करते हैं तब भी आप जानते ही हैं....'

फेलूदा चुपचाप कुछ सोच रहे हैं। उनके ललाट में चारों वक्र रेखाएँ उभर आई हैं और राजस्थान घूम आने का सुअवसर सामने देखकर मेरे हृदय में भी खुशी की लहर दौड़ गई है। अब तक तो मैंने इतिहास की पुस्तक में तथा अपने जन्म-दिन पर नरेश काका से भेंट मिली अपनी 'ठाकुर की राजकहानी' में ही जोधपुर, चित्तौड़, उदयपुर का नाम पढ़ा था।

श्रीनाथ ने चाय लाकर टेबल पर रख दी। फेलूदा ने सुधीर बाबू की तरफ एक प्याला बढ़ा दिया। उन्होंने हिचकिचाते हुए कहा, 'आपके बारे में कैलाश बाबू ने जो बताया है, उससे साफ ही लगता है कि आप बहुत माहिर हैं। इसलिए सोच रहा था कि अगर आप किसी तरह राजस्थान जा सकें तो! यदि वहाँ जाकर उन्हें सलामत पाते हैं तब तो कोई बात ही नहीं है लेकिन अगर आप पाएँ कि बात कुछ गड़बड़ा रही है...तो...! वैसे आपके साहस के बारे में तो बहुत कुछ सुना है। हम तो बहुत गरीब लोग हैं और आपके पास आना ही एक तरह से धृष्टता थी लेकिन यदि आप राजस्थान जाने की बात सोचते हैं तो आपके आने-जाने का खर्च तो मैं किसी तरह अवश्य ही जुटा दूँगा।'

फेलूदा भौंहें सिकोड़कर एक मिनट चुपचाप उसी भाव में बैठे रहे। फिर बोले, 'मैं क्या निश्चित करता हूँ, यह मैं आपको कल बता दूँगा। आपके लड़के का एक फोटो तो घर पर होगा ही। अखबार में जो छापा था, वह स्पष्ट नहीं था।'

सुधीर बाबू ने चाय की एक लंबी चुस्की लेते हुए कहा–'मेरा चचेरा भाई फोटोग्राफी करता है। उसने मुकुल का भी एक फोटो खींचा था, वह मेरी पत्नी के पास है।'

'ठीक है।'

वे बाकी चाय समाप्त करते हुए प्याला रखकर उठ खड़े हुए।

'मेरी दुकान में टेलीफोन भी है। नंबर है–345116। दस बजे के बाद दुकान पर ही मिलता हूँ।'

'वैसे आप रहते कहाँ हैं?'

'मछुआ बाजार में। सात नम्बर मछुआ बाजार स्ट्रीट। आम रास्ते पर ही।'

उनके चले जाने के बाद दरवाजा बंद करके मैंने फेलूदा से पूछा– 'एक बात तो समझ में आई ही नहीं?'

'पैरासाइकलोजी की बात?'

मैंने कहा, 'हाँ'।

फेलूदा बोले, 'आदमी के मन में भीतर कहीं छुपी गुत्थियों व अस्पष्ट बातों की चर्चा करनेवाला पैरासाइकलोजिस्ट कहलाता है। जैसे कि टैलीपैथी। एक आदमी कई लोगों के मन की बात जान लेता है और अपने मन की ताकत से कई लोगों के मन की चिन्ता दूर कर लेता है। कई बार ऐसा होता है कि आप घर पर बैठे होते हैं और अचानक किसी पुराने दोस्त की याद आती है और ठीक उसी समय वह भी आपको फोन करता है। पैरासाइकलोजिस्टों का कहना है कि यह कोई आकस्मिक मामला नहीं है। इसके पीछे टैलीपैथी है और है एक्स्टरा सेंसरी परसेप्सन जिसे संक्षिप्त में ई.एस.पी. बोलते हैं। भविष्य में क्या घटनेवाला है यह पहले से ही जान लेना या फिर ये 'जातिस्मर' जो पूर्व जन्म की बात अपने मन से ही बता देते हैं–ऐसे सभी विषय पैरासाइकलोजिस्ट की छानबीन के होते हैं।'

'कहते हैं–हेमांग हाजरा बहुत बड़ा पैरासाइकलोजिस्ट है?'

'हाँ, जो इने-गिने लोग हैं, उनमें इसका नाम बड़ा ही है। सुना है,

विदेश आदि गया था, कुछ लेक्चर-वेक्चर दिए थे और अब तो कोई सोसायटी आदि भी बना ली है।'

'क्या आपको इन सब बातों का विश्वास होता है?'

'मैं बिना प्रमाण के किसी चीज का विश्वास या अविश्वास नहीं करता। जो आदमी अपना दिमाग खुला नहीं रखता वह मूर्ख बनता है, इस बात के इतिहास में कई प्रमाण हैं। एक समय था जब पृथ्वी समतल और सपाट मानी जाती थी। यह भी सोचा जाता था कि किसी एक स्थान-विशेष तक पहुँचने के बाद आगे जाना संभव नहीं था। किन्तु भू-पर्यटक सागेलान ने एक स्थान से एक ही दिशा में चलते हुए उसी स्थान तक पहुँचकर यह सिद्ध कर दिया कि पृथ्वी गोल है, तब पृथ्वी को फ्लैट कहनेवाले सभी माथा ठोंकने लगे थे। कुछ लोग यह भी विश्वास करते थे कि पृथ्वी स्थिर है और ग्रह-नक्षत्र सूर्य की परिक्रमा करते हैं। मेरा ख्याल है कि एक समय कुछ लोग यह भी सोचते थे कि आकाश एक बहुत बड़ा उलटा कटोरा है जिसमें मोती और मनके जड़े हैं। कोपर्निकस ने यह सिद्ध कर दिया कि सिर्फ सूर्य स्थित है और पृथ्वी सहित सारा सौरमंडल सूर्य की परिक्रमा करता है और कोपर्निकस सोचता था कि पृथ्वी की परिक्रमा का रास्ता वृत्ताकार है, लेकिन केपलर ने सिद्ध कर दिया कि इस परिक्रमा का कक्ष शुद्ध रूप से ईलिप्टिक है। फिर आए गेलिलियो साहब....खैर! छोड़ो, तुम्हें इतना सारा ज्ञान देने का लाभ तो कुछ है नहीं, तुम्हारे छोटे-से माथे में ये सब बैठेगा भी नहीं।'

फेलूदा इतने बड़े जासूस होकर भी नहीं समझ पाए कि ये सब पूछताछ मैं क्यों कर रहा हूँ। मेरा मन तो पहले ही कह रहा था कि इस बार पूजा की छुट्टियाँ राजस्थान में बितानी हैं और नया देश देखने के साथ-साथ नए रहस्य का पता भी लगाना है। देखते हैं हमारी टैलीपेथी की दौड़ कहाँ तक है।

2

फेलूदा ने हालाँकि एक दिन का समय चाहा था लेकिन सुधीर बाबू के चले जाने के एक घंटे के भीतर-भीतर ही राजस्थान जाने का फैसला कर लिया। जब मुझसे यह बात बताई तो मैंने पूछा, 'मैं भी तो चलूँगा ना?'

फेलूदा ने कहा, 'यदि एक मिनट के भीतर-भीतर तुम राजस्थान के पाँच किलों वाले शहरों के नाम बता दो तो कोई चांस है।'

'जोधपुर, जयपुर, चित्तौड़, बीकानेर और--और बूँदी का किला।'

फेलूदा घड़ी की ओर देखकर तड़ाक से सोफे से उठ गए और साढ़े तीन मिनट में कुर्ता-पाजामा उतार, पेंट-शर्ट पहनकर बोले, 'आज रविवार है, फेयरलिप्लेस दो बजे तक खुला रहता है--चट से जाकर रिजर्वेशन कराके आता हूँ।'

एक बजे तक फेलूदा घर लौटे। आते ही उन्होंने टेलीफोन डायरेक्ट्री देखी और हेमांग हाजारे का नंबर मिलाया। मैंने जब पूछा कि जो आदमी यहाँ नहीं है उसे फोन करने से क्या मतलब तो फेलूदा बोले, 'सुधीर बाबू ने सही खबर दी है या नहीं, इसका सबूत पाने के लिए।'

'मिल गया सबूत?'

'हाँ।'

दोपहर को फेलूदा बदन के नीचे तकिया दबाए पाँच किताबें लिये

कुछ छानबीन कर रहे थे। पेरासाइकलोजी की दो किताबें पेलिकन का प्रकाशन थीं। ये किताबें फेलूदा अपने कॉलेज के साथी अनुतोष बटोब्याल से माँगकर लाए थे। दूसरी तीन किताबों में से एक टॉड साहब का लिखा राजस्थान का इतिहास था, दूसरी थी 'गाईड टू इंडिया, पाकिस्तान, बर्मा और सीलोन' और तीसरी थी 'भारतवर्ष का इतिहास' जिसके लेखक का नाम मैं भूल गया हूँ।

दोपहर की चाय के बाद फेलूदा बोले, 'तैयारी हुई नहीं है। एक बार सुधीर बाबू के घर जाने की जरूरत है।'

बाबा भी जब मेरे राजस्थान जाने की बात सुनेंगे तो खूब खुश होंगे। वे खुद भी अपने दादा के साथ राजस्थान घूम आए थे। कहते थे, 'चित्तौड़ का किला देखना मत भूलना, चित्तौड़ का किला देखकर रोंगटे खड़े हो जाते हैं। राजपूत लोग कितने बड़े वीर व योद्धा थे, यह तो उनके इस किले का चेहरा देखने पर ही पता चलता है।'

शाम को साढ़े छह के लगभग हम लोग सात मछुआ, बाजार स्ट्रीट (सुधीर बाबू के घर) पहुँच गए थे। फेलूदा जितने खुश थे, सुधीर बाबू भी उतने ही गद्गद।

'क्या कहूँ, कैसे कहूँ कि मैं कितना कृतज्ञ हूँ?'

'मैं यहाँ इस काम से नहीं आया हूँ सुधीर बाबू। और अभी मैं राजस्थान जा भी रहा हूँ तो आपके अनुरोध पर नहीं।'

'अच्छा हाँ, चाय लेंगे क्या?'

'समय बहुत कम है। मुझे कल ही जाना है, लेकिन उससे पहले दो काम हैं। एक तो आपके लड़के का फोटो चाहिए और दूसरा मैं उस नीलू नाम के लड़के को देखना चाहूँगा, जिसे किडनेप किया गया था।'

सुधीर बाबू ने कहा, 'वैसे तो वह लड़का दोपहर में घर नहीं रहता है और फिर आप जानते हैं कि आजकल पूजा के दिन हैं, लेकिन आज शायद उसे बाहर कहीं जाने नहीं देंगे। आप ठहरिए, पहले मैं आपको वह फोटो ला देता हूँ।'

सुधीर बाबू के घर से तीन मकान आगे सोलिसिटर शिवरतन मुखर्जी का घर था। मुखर्जी साहब घर पर ही थे। सामने तख्तपोश पर एक सज्जन चेहरे पर एक सफेद दागवाले आदमी के साथ बैठे चाय पी रहे थे। सुधीर बाबू की बात सुनकर मुखर्जी सा'ब बोले, 'देखा आपने, आपके लड़के के साथ ही मेरे नाती ने भी कैसी ख्याति पाई है–बैठिए आप लोग–मनोहर!'

नौकर के आने पर शिवरतन बाबू ने कहा, 'इन तीन लोगों के लिए चाय बना ला, और देख नीलू है क्या–उससे बोल कि मैं बुला रहा हूँ।'

मैं बड़ी टेबल के पास रखी एक कुर्सी पर बैठ गया। मेरे दोनों तरफ दीवार के सामने छत जितनी ऊँची दो आलमारियों में बड़ी-बड़ी पुस्तकें ठसाठस भरी रखी थीं। फेलूदा ने कहा, 'वकालत के धंधे में जितनी किताबें लगती हैं उतनी किसी और धंधे में नहीं लगतीं।'

मैंने इस बीच मुकुल की फोटो को अच्छी तरह देखा। फोटो घर की छत पर ली गई थी। फोटो में वह धूप से चौंधियाया हुआ गम्भीर मुद्रा में कैमरे की तरफ घूर रहा था।

शिवरतन बाबू ने कहा, 'नीलू को हमने कई सवाल पूछे। पहले तो कुछ भी नहीं बोला। नरवस होकर गुमसुम हो गया। दोपहर के बाद थोड़ा नोरमल हुआ है।'

'पुलिस को खबर दी थी क्या?' फेलूदा ने पूछा।

'खबर तो दी थी लेकिन वे लोग कुछ करते उससे पहले ही इसे छोड़ गए।'

नीलू अब नौकर के साथ कमरे में पहुँच गया था। सचमुच ही मुकुल का जो फोटो हमने देखा था उससे इसका चेहरा बहुत मिलता है। नीलू को देखकर लगा कि वह अब भी भयभीत है। वह संदेह के साथ हम लोगों की ओर देख रहा था।

फेलूदा फटाक से सवाल कर बैठे, 'तुम्हारे हाथ में क्या दर्द हो रहा है, नीलू?'

शिवरतन बाबू जवाब देने लगे तो फेलूदा ने इशारा करके उन्हें रोक दिया। नीलू ने खुद ही जवाब दिया–

'उन लोगों ने जब मेरा हाथ पकड़कर खींचा तो मेरे हाथ में बड़े जोर की जलन हुई थी।'

नीलू की कलाई के थोड़ा ऊपर ही एक निशान साफ दिखाई दे रहा था।

फेलूदा बोले, 'उन लोगों–बोलते हो, तो क्या वे एक से अधिक लोग थे?'

'एक आदमी ने मेरे मुँह तथा आँखों पर पट्टी बाँध दी और मुझे उठाकर गाड़ी में बिठा दिया। दूसरा आदमी गाड़ी चला रहा था। मुझे तब बहुत डर लग रहा था।'

'डर तो हमें भी लगता है नीलू, तुम तो काफी छोटे हो, फिर भी तुम खूब साहसी हो नीलू।' फेलूदा ने कहा। उन्होंने पूछा, 'उन लोगों ने जब तुम्हें पकड़ा तब तुम क्या कर रहे थे?'

'मैं मूर्ति देखने जा रहा था। मति के घर में पूजा हो रही थी। मति

मेरी क्लास में पढ़ता है।'

'रास्ते में तब भीड़ नहीं थी क्या?'

शिवरतन बाबू ने कहा, 'भीड़ तो इस तरफ रहती है लेकिन इधर कुछ गड़बड़ी हो गई थी, बम-वम फूटा था। इसीलिए कल शाम से लोगों का आना-जाना कुछ कम हो गया है।'

फेलूदा ने सिर हिलाते हुए 'हूँ' कहा और नीलू से बात करने लगे, 'तुम्हें वे और कहाँ ले गए थे?'

'पता नहीं, मेरी आँखें बाँध दी थीं, गाड़ी बहुत देर तक चलती रही थी।'

'उसके बाद?'

'उसके बाद एक कुर्सी पर बिठा दिया, उसके बाद एक आदमी ने पूछा, तुम कौन-से स्कूल में पढ़ते हो? मैंने स्कूल का नाम बता दिया। उसके बाद वह बोला, तुमसे जो पूछते हैं उसका सही-सही जवाब देना, तब तुमको तुम्हारे स्कूल के पास छोड़ देंगे। वहाँ से तुम घर जा सकते हो तो? मैंने कहा, हाँ जा सकता हूँ। तब मैंने कहा क्या पूछना है, जल्दी-जल्दी पूछ लो, देर होने पर माँ डाँट लगाएगी। तब वह आदमी बोला, सोने का किला कहाँ है? तब मैंने कहा, मुझे नहीं मालूम, मुकुल को भी मालूम नहीं है, वह सिर्फ इतना जानता है कि सोने का किला है। तब वे अंग्रेजी में बोले, मिस्टेक। फिर बोले, तुम्हारा नाम क्या है? मैंने बताया कि मुकुल मेरा दोस्त है किन्तु वह राजस्थान चला गया है। तब वे बोले, जगह का नाम तुम जानते हो, मैंने कहा जयपुर।'

'जयपुर बताया था?' फेलूदा ने प्रश्न किया।

'नहीं-नहीं। जोधपुर, हाँ, जोधपुर ही बताया था।'

नीलू कहता-कहता रुक गया। हम सब भी तब चुप थे। नौकर चाय आदि रख गया था लेकिन किसी का भी ध्यान उधर नहीं था। फेलूदा ने पूछा, 'और कुछ भी याद पड़ता है?'

नीलू ने थोड़ा सोचते हुए कहा, 'एक आदमी सिगरेट पी रहा था,

नहीं-नहीं सिगार।'

'तुम सिगार की गंध पहचानते हो?'

'मेरे मौसाजी जो पीते हैं।'

'उस रात तुम सोए कहाँ?' फेलूदा ने पूछा।

नीलू ने कहा, 'पता नहीं।'

'पता नहीं? पता नहीं क्या मतलब?'

'मुझसे एक बार पूछा दूध पिओगे? फिर मुझे एक बहुत बड़े गिलास में दूध लाकर दिया और मैंने पी लिया, और फिर तो मुझे बैठे-बैठे ही नींद आ गई।'

'फिर नींद खुली कब?'

नीलू ने अपनी कातर आँखों से शिवरतन बाबू की तरफ देखा। शिवरतन बाबू ने हँसते हुए कहा, 'और नींद टूटते ही सीधा घर पहुँच गया। वे लोग इसे इसके स्कूल के सामने फेंक गए थे। तब तक भी यह सो रहा था। हमें भी तड़के ही पता चला। हमारा अखबारवाला जब उधर गया तो उसने देखा और उसने ही हमें खबर दी। तब मैं और मेरा लड़का जाकर इसे घर लाए। डॉक्टर ने बताया कि इसे नींद की कोई तेज दवा खिला दी गई थी।'

फेलूदा खामोश हो गए थे। चाय का प्याला उठाकर वे दबे स्वर में सिर्फ इतना बोले, 'स्काउंड्रल्स' और तब नीलू की पीठ थपथपाकर उन्होंने कहा, 'थेंक्यू नीलू, अब तुम जा सकते हो।'

शिवरतन बाबू से विदा लेकर लौटत समय सुधीर बाबू ने पूछा, 'आपको इसमें चिन्ता की कोई बात तो नहीं नजर आती!'

फेलूदा ने कहा–'कुछ बहुत लालची और लापरवाह लोग आपके लड़के के मामले में ज्यादा रुचि ले रहे हैं। लेकिन वे लोग राजस्थान तक जाएँगे कि नहीं, यह कहना मुश्किल है। आप मुझे अलबत्ता एक चिट्ठी दे दीजिए, डॉ. हाजरा तो मुझे जानते नहीं हैं, आप मुझे 'इंट्रोड्यूस' करा दें तो सुविधा होगी।'

चिट्ठी देने के बाद कई बार सुधीर बाबू ने फेलूदा को राजस्थान तक का रेल-किराया ऑफर किया। फेलूदा ने उस तरफ कान ही नहीं दिया। बस स्टॉप पर उनके पास आकर उन्होंने कहा, 'पहुंचने पर पहुँचने की खबर अवश्य दीजिएगा, नहीं तो बड़ी चिन्ता होगी, डॉक्टर बाबू ने जरूर चिट्ठी लिखने का वायदा किया है। लेकिन अगर वे नहीं लिखें तो आप कम-से-कम एक...'

घर लौटकर सामान समेटने से पहले फेलूदा अपनी प्रसिद्ध नीली पुस्तक का भाग छह खोलकर खाट पर बैठते हुए बोले, 'कुछ तारीखों का हिसाब बताओ जरा,—मैं लिख लूँ। डॉ. हाजरा मुकुल को लेकर कब राजस्थान गए हैं?'

'कल, नौ अक्तूबर को।'

'नीलू को किडनैप कब किया गया था?'

'कल ही। संध्या समय।'

'आज सुबह अर्थात दस को वापिस छोड़ गए हैं। हम लोग कल ग्यारह को सवेरे रवाना होंगे। बारह को आगरा पहुँचेंगे और उसी दिन शाम को ट्रेन से रवाना होकर उसी दिन रात को बाँदीकूई पहुँचेंगे। बाँदीकूई से रात को बारह बजे की गाड़ी मिलेगी जो परसों तेरह को दोपहर में मारवाड़ पहुँचेगी। वहाँ से गाड़ी बदलकर उसी दिन जोधपुर पहुँचेंगे यानी तेरह की शाम को–तेरह को...तेरह को।'

फेलूदा ये सब सोचते हुए मालूम नहीं क्या केलकुलेट करते रहे। फिर बोले, 'ज्योमेट्री'। यहाँ भी ज्योमेट्री, यह एक बिंदु है। इस बिंदु से कितनी रेखाएँ बन रही हैं, ज्योमेट्री...'

3

कोई आध घंटा पहले हमने आगरा से बाँदीकूई की गाड़ी पकड़ी थी। आगरा में हमारे पास तीन घंटे थे। इस बीच दस बरस बाद एक बार फिर ताजमहल देखा। फेलूदा ने ताजमहल की ज्योमेट्री के बारे में भी एक छोटा-मोटा लेक्चर दे मारा था।

उस दिन कलकत्ता छोड़ने से पहले हमने एक जरूरी काम कर लिया था—उसका उल्लेख यहाँ करना चाहूँगा। तूफान एक्सप्रेस सवेरे नौ बजे रवाना होती है, इसलिए सवेरे मैं बहुत जल्दी उठ गया था। लगभग छह बजे के आसपास जब हम चाय पी चुके तो फेलूदा बोले, 'आओ, एक चक्कर तेरे सिधु ताऊ के यहाँ लगा आवें, काम के बारे में उनसे कुछ जरूरी जानकारी मिल जाने से सुविधा होगी।'

सिधु ताऊ सरदार शंकर रोड पर रहते हैं। हमें अपने घर से, वहाँ तक पैदल पाँच मिनट लगता है। इतना यहाँ बता देना चाहूँगा कि सिधु ताऊ ने कई तरह के काम किए हैं। खूब सारा पैसा कमाया भी है और खोया भी है। इन दिनों वे कुछ भी नहीं कर रहे हैं। किताबों का उन्हें खूब शौक है। वे किताबें हमेशा थोक में खरीदते हैं। कुछ समय वे पढ़ते हैं और बाकी समय कोई-न-कोई किताब देखते शतरंज खेलते रहते हैं और खाने के कई प्रयोग करते रहते हैं। प्रयोग होता है एक खाद्य पदार्थ के साथ दूसरा

खाद्य पदार्थ मिलाकर खाना। वे कहते हैं कि दही के साथ अगर आमलेट खाओ तो अमृत जैसा लगेगा। उनसे वैसे हमारा कोई रिश्ता नहीं है लेकिन वे हमारे पुश्तैनी गाँव के रहनेवाले हैं, हालाँकि मैं कभी भी अपने गाँव नहीं गया, और हमारे घर के पास ही उनका घर है। वे मेरे पिता के बड़े भाई कहलाते हैं और इसीलिए मेरे ताऊ।

उनके घर पहुँचे तो देखा सिधु ताऊ दरवाजे के ठीक पास एक मूढ़े पर बैठे नाई से बाल कटवा रहे थे, हालाँकि उनके सिर पर पीछे की तरफ ही थोड़े बाल बच गए हैं। हमें देखकर मूढ़ा पास खिसकाते हुए बोले, 'बैठो। नारायण को आवाज देकर कहो, चाय दे।'

एक तख़्तपोश, दो कुर्सियाँ व तीन बड़ी-बड़ी किताबों से भरी अलमारियों के अलावा उनके घर में बहुत सामान नहीं था। दीवान भी सारा किताबों से भरा था। जहाँ खाली जगह थी, उससे मैं समझ गया, वह खाली जगह सिधु ताऊ के बैठने की जगह है, और तब हम दोनों कुर्सियों पर बैठ गए। फेलूदा जो किताब सिधु ताऊ से माँगकर ले गए थे और जिस पर उन्होंने कवर चढ़ा रखा था वह उन्होंने अलमारी के एक खाने में रख दी।

बाल कटवाते हुए ही सिधु ताऊ बोले, 'फेलू, तुम जासूसी तो करते हो, लेकिन तुमने क्रिमनल इन्वेस्टीगेशन का पूरा इतिहास कभी अच्छी तरह से पढ़ा भी है? किसी भी काम में स्पेशलाईज करना हो तो उसके इतिहास का ज्ञान होने से उस काम में आनन्द भी खूब आता है और आत्मविश्वास भी बढ़ता है।'

फेलूदा ने कोमल स्वर में कहा, 'हाँ, यह तो ठीक ही है।'

'ये जो अँगुलियों के निशान देखकर क्रिमिनल का पता लगाने की पद्धति है, इसके आविष्कर्ता कौन थे, जानते हो?'

फेलूदा ने मेरी तरफ आँख मारते हुए कहा, 'ठीक से याद नहीं, लगता है पढ़ा था।'

मैं समझ रहा था कि फेलूदा को याद तो है लेकिन सिधु ताऊ को खुश करने के लिए वे न जानने का स्वाँग कर रहे हैं।

'हूँ! पूछने पर कई लोग झट से बता बैठते हैं–अलफोंस बेर्तियों, लेकिन यह गलत है। सही नाम है हान वुकेटिच। याद रखना, अर्जेन्टीना के निवासी थे ये। अँगुलियों के निशान को इन्होंने ही सबसे पहले महत्त्व दिया था और फिर इन निशानों को चार वर्गों में बाँटा था। कुछ वर्ष बाद इंग्लैड के हैनरी साहब ने इस पद्धति को और मजबूत अवश्य किया था।'

फेलूदा ने और अधिक समय खराब न करने का फैसला किया और घड़ी देखते हुए बोले, 'आपने डॉ. हेमांग हाजरा का नाम सुना है क्या। वही जो पैरासाइकलोजी में...'

'पार-साईकल-से-जाई।'

सिधु ताऊ की अंग्रेजी के शब्दों को तोड़-मरोड़कर मजाक बनाने की यह खास आदत थी। वे एक-एक अंग्रेजी शब्द को इसी प्रकार तोड़-मरोड़कर बोलते हैं। एक्जीबीसन को कहेंगे–'इस-की-भीषण', इंपोसिबल को कहेंगे–'आम-पचाए-बेल', डिक्शनरी को बोलेंगे–'दीक्षा-नारी, और गवर्नर को बोलेंगे 'गोबर-नर'–और इस तरह के कई शब्द।

'सुना तो नहीं!' सिधु ताऊ ने कहा। 'अभी उस दिन तो उसका नाम अखबार में निकला था। क्यों, उसे लेकर फिर क्या? कुछ गोलमाल तो नहीं किया उसने? वह तो गोलमाल करनेवाला आदमी ही नहीं है, बल्कि उसकी बात तो इससे उलटी है, दूसरों की पोल पकड़नेवाला आदमी है वह तो।'

'ऐसा है क्यों?' फेलूदा को लगा कि कोई मजेदार खबर मिलने की गुंजाइश है।

'तुम नहीं जानते हो क्या? बात कोई चारेक वर्ष पुरानी है। अखबारों में भी निकली थी। शिकागो में एक बंगाली महाशय जा पहुँचे थे। बहुत घटिया आदमी थे लेकिन वहाँ जाकर खास शिकागो शहर में एक आध्यात्मिक चिकित्सालय खोल बैठे थे। धीरे-धीरे अमरीकी ग्राहकों की संख्या बढ़ती गई, समझे! यह जाति ही ऐसी है और फिर अपार पैसा है। हिप्नोटिज़्म की मदद से दुस्साध्य रोग दूर करने का दावा करते थे, अठारहवीं सदी में यूरोप में एनटन मेसमर जैसा करता था। इनके भी

दो-एक तुक्के भिड़ गए जैसा अक्सर हो जाया करता है। उन्हीं दिनों हाजरा साहब शिकागो में भाषण देने गए। वहाँ उन्होंने इस बारे में सुना तो अपनी आँखों देखना चाहा, और इस सिलसिले में सारी धोखाधड़ी की पोल खुल गई। वह भी एक स्कैंडल था। उसके बाद आखिर अमरीकी सरकार ने ही उन्हें देशनिकाला दिया। हाँ-हाँ—नाम रखा था भवानन्द।....हाजरा तो बहुत 'सोलिड' आदमी हैं। उनके लेख पढ़ने से तो ऐसा ही लगता है। दो-एक लेख तो मेरे पास ही पड़े होंगे। बाईं तरफ वाली अलमारी के खाने में दाईं तरफ देखो जरा। पैरासाईकलॉजीकल सोसायटी की तीन पत्रिकाएँ रखी होंगी...'

फेलूदा ने तीनों पत्रिकाएँ उधार माँग लीं। ट्रेन में बैठे-बैठे उन्हीं पत्रिकाओं को उलट-पलटकर देख रहे थे। मैं खिड़की के पास बैठा बाहर के दृश्य देख रहा था। कुछ क्षण पहले ही उत्तर प्रदेश पीछे छूट गया था, राजस्थान आ गया था।

'यहाँ का शौर्य और पराक्रम प्रसिद्ध है। यहाँ की धूप की तेजी भी अलग ही है, शायद इसीलिए यहाँ के लोग आज भी उतने ही पावरफुल होते हैं।'

जिन्होंने ये बात कही थी वे हमारे सामने की बेंच पर बैठे थे। चार बर्थ का कपार्टमेंट था और फक़त चार मुसाफिर थे। उसमें, यह सवाल करनेवाले साहब बहुत निरीह, रोगग्रस्त और कद में मुझसे कम-से-कम दो इंच छोटे होंगे। यही कोई पैंतीस के आसपास के होंगे, इसीलिए जैसे हैं वैसे ही रहेंगे लेकिन मेरी उम्र तो अभी पंद्रह वर्ष है और बढ़ने की उम्र अभी गई नहीं है। वे बंगाली थे, यह भी नहीं पता चलता था क्योंकि पैंट पर बुशर्ट खूब फब रहा था। वे फेलूदा की तरफ मुड़े और मुस्कराकर बोले, 'आपके बारे में सुना तो कई बार है लेकिन दूसरे प्रांत में किसी जाति भाई के मिलने से बड़ा सौभाग्य और क्या हो सकता है? मैंने तो यह मान-सा लिया था कि अब एक महीने तक मातृभाषा का बाईकाट करना होगा।'

फेलूदा ने शायद क्षण-भर के लिए उन महाशय के वास्ते ही पूछा,

'कहाँ तक जाएँगे?'

'जोधपुर तो पहुँचें, फिर देखा जाएगा। आप लोग?'

'फिलहाल तो हम भी जोधपुर तक ही जा रहे हैं।'

'वाह, यह तो चमत्कार हो गया। आप क्या लिखते-विखते भी हैं?'

'जी नहीं,' फेलूदा थोड़े मुस्कराए। 'मैं पढ़ता हूँ। आप लिखते हैं क्या?'

'जटायू नाम कुछ परिचित-सा लगता है क्या?'

'जटायू? वही जिसने कई रोमांचकारी व साहसिक उपन्यास लिखे हैं? मैंने तो उनके दो-एक उपन्यास पढ़े भी हैं—'शाहरार सिहरन', 'दुर्धर्ष दुश्मन'—मेरी स्कूल की लाइब्रेरी में थे।'

'आप ही जटायू हैं क्या?' फेलूदा ने पूछा।

'जी हाँ।' वे मुस्कराकर, बड़ी विनम्रता से बोले, 'इसी अधम का छद्मनाम जटायू है। नमस्कार।'

'नमस्कार, मेरा नाम प्रदोष मित्तिर है। ये श्रीमान तपेश रंजन हैं।'

फेलूदा ने पता नहीं अपनी हँसी कैसे रोक रखी थी? मेरे तो पेट में मारे हँसी के सोडावाटर की तरह बुदबुदाहट हो रही थी। यही साब जटायू हैं! मैं तो सोचता था कि जो ऐसी कहानियाँ लिखता है उसकी शक्ल-सूरत जेम्स बांड के बाप की तरह होगी।

'मेरा असली नाम लालमोहन गांगुली है। हाँ, किसी से बताइएगा नहीं। छद्मनाम तो छद्मवेश की तरह होता है। एक बार पता चल जाने के बाद उसका कोई महत्त्व नहीं रहता।'

आगरा स्टेशन पर उतरकर मैं गुलाबी रेवड़ी खरीद लाया था। फेलूदा उनकी तरफ रेवड़ी बढ़ाते हुए बोले, 'ऐसा लगता है कि आप तो काफी दिन से सफर कर रहे हैं।'

उत्तर मिला, 'हाँ,' लेकिन—कहते हुए उन्होंने एक रेवड़ी उठाई और स्तम्भित हो गए, फिर फेलूदा की ओर मुड़ अवाक् हुए बोले, 'आपने कैसे जान लिया?'

फेलूदा ने हँसकर कहा, 'आपके हाथ पर घड़ी का जो पट्टा बँधा है, उसके नीचे से आपकी चमड़ी का असली रंग झाँकता दिखाई देता है। उस चमड़ी का रंग बदला नहीं है।'

वे साहब अपनी गोल आँखें फाड़कर बोले, 'अरे बाप रे, आपका ऑबजर्वेशन तो भयंकर है। आपने ठीक समझा है। दिल्ली, आगरा, फतेहपुर सीकरी–ये सब स्टेशन घूम आया हूँ। कोई दसेक दिन से सफर पर निकला हूँ। अब तक सिर्फ घर पर बैठकर देश-विदेश की कथाएँ लिखता था। रहता भद्रेश्वर में हूँ। इस बार सोचा कि थोड़ा घूम-फिरकर खुद देख आऊँ तो लिखने में सुविधा होगी। और फिर साहसी कथाएँ तो इन सब स्थानों पर ही थोड़ी जमती हैं। देखिए ना, सब तरफ कैसे पहाड़ हैं–बाईशेप भी और ट्राईशेप भी। बंगाल के पड़ोस में तो हिमालय को छोड़कर और कोई ऐसा कथा-विषय नहीं है। समतल मैदान में साहसिक कथाओं की क्या गुंजाइश बच रहती है?'

हम तीनों लोग रेवड़ी खा रहे थे। बीच-बीच में वे टेढ़ी आँख से फेलूदा की तरफ देख लेते थे। इस बीच वे साहब पूछ बैठे, 'आपका कद क्या है? बुरा न मानिएगा।

'लगभग छह फीट'–फेलूदा ने कहा।

'वाह! खूब कद है आपका भी। अपने 'हीरो को मैं छह फीट लंबा ही रखता हूँ। 'प्रखर रुद्र' तो आपने पढ़ा ही होगा। हीरो का नाम प्रखर जो रूसी है। लेकिन बंगाली में भी अब खूब अच्छा लगता है। दरअसल–मैं खुद जो नहीं बन सका, वही बनने की मेरी आशा मुझसे ऐसा लिखवाती है। वैसे मैंने भी कोशिश कोई कम नहीं की। अपने कॉलेज में विदेशी पत्रिकाओं में चार्ल्स एटलस का विज्ञापन रोज देखता था, अपनी सारी मांसपेशियाँ फुलाए कमर पर हाथ रखे एक आदमी खड़ा रहता था। क्या उसके हाथ की गोलियाँ (मस्सल्स) थीं, क्या फौलादी सीना था और सिंह की जैसी क्या सुंदर कमर थी! फिर एक फोटो पूरे शरीर का छपा रहता था। उसके पास छपा रहता था कि 'इतनी अवधि में ऐसी शरीर'। लिखा

रहता था कि एक महीने में चेहरा ऐसा हो जाएगा, अगर हमारे सिस्टम अपनाएँ। उनके देश में तो शायद संभव भी है लेकिन बंगाल में ऐसा निश्चित ही असंभव है। लेकिन फिर भी जब बाप का पैसा था तो थोड़ा इसमें भी नष्ट किया, सारे पाठ आए, पूरी सख्ती से उन पर अमल भी किया, लेकिन कुछ होता नहीं दिखा। जैसा का तैसा रहा। मामा ने कहा कि रोज पर्दे की छड़ें (रॉड) पकड़कर झूलो, एक महीने के भीतर ही कद बढ़ जाएगा। एक महीना तो कभी का बीत गया। झूलते-झूलते एक दिन वह छड़ ही खिसक गई, हम गिर पड़े और घुटने का जोड़ ही टूट गया और हमारी वर्जिस बंद हो गई। हम पाँच फीट साढ़े तीन इंच थे, उतने के उतने रहे। जब शरीर का कद बढ़ा सकना संभव नहीं लगा; नामुमकिन लगा तो हम दिमाग का कद बढ़ाने पर तुल गए, मानसिक ऊँचाई की चिन्ता लगी। फिर शुरू-शुरू में एक रोमांचकारी उपन्यास लिखा। लालमोहन गांगुली नाम तो इसमें चल नहीं सकता था, इसलिए नाम रखा 'जटायू'। लड़ाका। क्या लड़ाई लड़ी थी रावण से, कहिए जरा!'

गाड़ी पैसेंजर थी और बीच-बीच में स्टेशन बहुत थे इसलिए गाड़ी पंद्रह-बीस मिनट से अधिक नहीं चल पाती थी। फेलूदा पैरासाइक्लोजी की पत्रिका छोड़कर राजस्थान संबंधी एक पुस्तक पढ़ने लगे थे। इस पुस्तक में राजस्थान के सभी किलों के फोटो छपे थे। वे इन फोटो में खूब आँख गड़ाकर देख रहे थे, लेकिन वर्णन नहीं पढ़ रहे थे। हमारे सामने की सीट पर एक महाशय बैठे हुए थे, जिनकी मूँछों और पोशाक से वे बंगाली नहीं लग रहे थे। वे संतरे पर संतरा खाते चले जा रहे थे और इसके छिलकों तथा गूदे का ढेर उर्दू के एक अखबार पर लगाते जा रहे थे।

फेलूदा ने अपनी जेब से एक नीली पेंसिल बाहर निकालकर किताब पर कोई निशान लगा दिया, तभी लालमोहन बाबू ने पूछा, 'अगर बुरा न मानें तो मैं पूछना चाहूँगा कि आप क्या किसी जासूसी धंधे से जुड़े हैं?'

'किसने कहा?'

'नहीं, आपके हावभाव को देखकर मुझे ही लगा कि...'

'हाँ, मेरी रुचि इस विषय में अवश्य है।'

'वाह, आपने तो कहा कि आप जोधपुर जा रहे हैं!'

'फिलहाल तो।'

'क्या कोई रहस्य है? यदि हो और आपको कोई एतराज न हो तो मैं भी आपके साथ चल सकता हूँ। इससे अच्छा अवसर और क्या हो सकता है।'

'आपको ऊँट की पीठ पर बैठने में कोई आपत्ति तो नहीं है?'

'अरे बाप रे, ऊँट!' उन साहब की आँखें चमक उठीं। 'शिप ऑफ दि डेजर्ट?' यह तो मेरा स्वप्न था साब। मैंने मेरे 'आरक्त अरब,' उपन्यास में काफिलों की कथा लिखी है। इनका जिक्र 'शाहरार सिहरन' में भी है। अद्भुत जीव है साब। अपनी वॉटर सप्लाई की व्यवस्था अपने ही पेट में लिए यह बालू के समुद्र में बड़े रौब से चलता है। कितना रोमांटिक !'

फेलूदा बोले, 'पेट में पानी लिए चलनेवाली बात आपने अपनी किताब में लिखी है क्या?'

लालमोहन बाबू हड़बड़ा गए और बोले, 'यह ठीक नहीं है क्या?'

फेलूदा ने सिर हिलाते हुए कहा, 'पानी ऊँट की 'थुंभी' से आता है। ऊँट उस थुंभी की चर्बी को ऑक्सीडाइज करके जल प्राप्त करता है। दस-पंद्रह दिन से अधिक का स्टॉक उस चर्बी में नहीं रहता है। और एक बार पानी मिल जाए तो यह दस मिनट में ही कोई पच्चीस गैलन पानी पी लेता है।'

लालमोहन बाबू बोले, 'अच्छी जानकारी दी आपने। अगले संस्करण में यह सुधार अवश्य कर दूँगा।'

4

यहाँ की गाड़ी कुछ धीमी चलती है, लेकिन ज्यादा देर नहीं कर रही है। यही गनीमत है। गाड़ी जहाँ बदलनी हो, वहाँ देर हो जाने से कभी-कभी बहुत मुश्किल हो जाती है।

भरतपुर स्टेशन आने पर हमने पहलेपहल मोर देखा। प्लेटफॉर्म के दूसरी तरफ तीन मोर रेलवे लाइन पर ही मजे से घूम रहे थे। फेलूदा ने कहा, 'कलकत्ता में जैसे कौए और चिड़ियाँ सब जगह दिखाई देते हैं वैसे ही यहाँ मोर और सुग्गा दिखाई देंगे।'

जो लोग दिखाई पड़ रहे हैं, उनके सिर पर पगड़ी है और गालों पर जुल्फें। ये सभी राजस्थानी हैं। ये लोग घुटनों तक ऊँची धोती तथा एक तरफ बटनवाली कमीज पहने हैं। पाँवों में मजबूत नागर जूता पहने हैं तथा कई लोगों के हाथ में लाठी है।

बाँदीकूई स्टेशन पर रिफ्रेशमेंट रूम में बैठे-बैठे रोटी और मांस का सोरबा खाते-खाते लालमोहन बाबू ने कहा, 'ये सब लोग जो दिखाई दे रहे हैं, इनमें एकाध तो जरूर डाकू होंगे। अरावली पहाड़ डाकुओं का ही स्थान है, जानते हो? और ये डाकू कितने ताकतवर होते हैं यह आपको बताने की तो जरूरत नहीं है। ये लोग खिड़की के लोहे के सींखचे दोनों हाथों से तोड़कर जेल से बाहर निकल आते हैं।'

फेलूदा ने कहा, 'जानता हूँ। और किसी पर गुस्सा होने पर ये कैसे दंडित करते हैं उसे? जानते हैं?'

'अवश्य ही मार देते हैं!'

'ऊँ हूँ। यही तो मजे की बात है। वह आदमी कहीं भी छुपा हो, ये उसे खोज निकालते हैं और फिर तलवार से नाक काटकर छोड़ देते हैं।'

यह सुनकर लालमोहन बाबू अपने हाथ में लिया हुआ मांस का टुकड़ा मुँह में भी नहीं डाल सके।

'नाक काट देते हैं?'

'सुना तो यही है।'

'यह तो पौराणिक युग-जैसी ही सजा है। कितनी खतरनाक!'

आधी रात को मारवाड़ की ट्रेन में अँधेरे में ही इधर-उधर हाथ मारने से जगह ठीक-ठाक मिल गई। रात में नींद भी अच्छी आई। सवेरे जब सोकर उठे तो चलती गाड़ी की खिड़की में से ही एक पहाड़ पर पुराना किला दिखाई दिया। इसके एक मिनट बाद ही गाड़ी किशनगढ़ स्टेशन पर आ रुकी। फेलूदा ने कहा,'किसी स्थान का या बीच में किसी स्टेशन का नाम यदि गढ़ है तो देखना वहीं कहीं किसी पहाड़ी पर एक किला भी होगा।'

किशनगढ़ स्टेशन के प्लेटफॉर्म पर चाय पी। यहाँ का चाय पीने का कुल्हड़ बंगाल के कुल्हड़ से अधिक मजबूत व बड़ा है। चाय के स्वाद में भी थोड़ा फर्क है। फेलूदा ने कहा, 'ये ऊँट के दूध से बनती है।' यह सुनकर लालमोहन ने दूसरी चाय और पी।

चाय पीकर, प्लेटफार्म पर कुल्ला करके व आँखें छिड़ककर जब वे डिब्बे में आए तो देखा कि एक मोटा पग्गड़ पहने राजस्थानी आदमी, नाक तक अपना चेहरा चादर से ढँके, हिचकी पर हाथ रखे बेंच के कोने में पीठ सटाए बैठा हुआ था। चादर के भीतर कहीं से उसका लाल रंग का कुर्ता झाँक रहा था।

लालमोहन बाबू डिब्बे में उस राजस्थानी को देखकर सीधे अपनी

जगह छोड़कर हमारे पास आ बैठे। फेलूदा ने कहा, 'तुम आराम करो' और खुद उस राजस्थानी के पास जाकर बैठ गए।

मैं उसकी पगड़ी देख रहा था। कितने असंख्य पेंच होंगे उस पगड़ी में, मैं यही सोचकर परेशान हो रहा था। लालमोहन बाबू ने दबे स्वर में फेलूदा से कहा, 'पावरफुली ससपीशस। यह पोशाक तो गँवारों का-सा है लेकिन मजे से फर्स्ट क्लास में बैठा हुआ है। कौन जाने उसकी उस पोटली में कितने हीरे-जवाहरात होंगे!'

पोटली उसके पास ही रखी थी। फेलूदा बस हल्के-से हँसकर रह गए, बोले कुछ भी नहीं।

गाड़ी चल पड़ी। फेलूदा ने अपने झोले में से राजस्थान की किताब बाहर निकाल ली। मैं न्यूमेन का ब्रॉड्स टाइम-टेबल सामने खोल स्टेशनों के नाम पढ़कर देखने लगा। अद्भुत नाम हैं स्टेशनों के—गल्ता, तिलावनिया, मार्क्रेड़ा, भेसाना, सेंद्रा। कहाँ से आए सब! नाम कौन जाने! फेलूदा का कहना है कि स्थानों के नामों में बहुत लंबा इतिहास छिपा हुआ है। लेकिन इस सब इतिहास की खोज कौन करे?

गाड़ी गड़र-गड़र करती चल रही थी। मैं राजकहानी के शिलादित्य बप्पादित्य के बारे में पढ़ रहा था। इतने में ही देखा कि मेरी कमीज के पास ही थोड़ी खींचातानी हो रही है। बगल में मुड़कर देखा तो लालमोहन बाबू का मुँह फक्क हो गया था। उनसे आँख मिलते ही वे हिचकी लेते हुए सूखे गले से बोले, 'खून।'

'खून! क्या कहते हैं।'

उसके बाद उनका चेहरा उस राजस्थानी आदमी की तरफ घूम गया। वह माथा दूसरी तरफ किए मुँह खोलकर सो रहा था। जब नजर बेंच पर उठे हुए उसके पाँव पर पड़ी तो देखा कि उसके अँगूठे की चमड़ी छिल गई है और वहाँ खून जम गया है। अब समझ में आया कि अब तक मैं उसके कपड़ों पर लगे जिन दागों को मिट्टी के दाग समझ रहा था, वे खून के ही दाग हैं।

फेलूदा की तरफ देखा तो वे अपनी किताब पढ़ने में डूबे हुए थे।

लालमोहन बाबू को फेलूदा का ये निश्चित भाव असह्य लगा। वे हठात् सूखे गले से ही बोल पड़े 'मिस्टर मिटर, ससपीशस ब्लॅड मार्क्स ऑव अवर न्यू को-पैसेंजर।'

फेलूदा ने किताब पढ़ते-पढ़ते ही एक नजर सोए आदमी की ओर फेंकी और बोले, 'प्रॉबेबली कॉज्ड बाई बागुस।'

फेलूदा से खून के दागों का ऐसा कारण सुनकर जटायू सा'ब बहुत निराश हुए। वे उसे इतना सहज नहीं समझ पा रहे थे।

वे सिकुड़कर बैठे हुए थे और बार-बार भौंहें सिकोड़कर सोए हुए राजस्थानी को घूरकर खून के उन दागों का कारण जान लेना चाहते थे।

दोपहर को ढाई बजे गाड़ी मारवाड़ जंक्शन पहुँची। स्टेशन के रिफ्रेशमेंट रूम में कुछ खा-पी लेने के बाद हम प्लेटफॉर्म पर कोई घंटा-भर टहलते रहे। साढ़े तीन बजे जब जोधपुर की गाड़ी में चढ़ने लगे तब वह लाल कुर्तेवाला राजस्थानी नहीं दिखा।

अढाई घंटे के इस सफर में बार-बार ऊँटों के दल को देखकर

लालमोहन बाबू बार-बार उत्तेजित हो रहे थे। जोधपुर पहुँचे छह बजकर, दस मिनट पर। ट्रेन बीस मिनट लेट भी थी। कलकत्ता होता तो अब तक सूर्य डूब चुका होता, लेकिन यह पश्चिम है इसलिए इस समय भी यहाँ काफी धूप रहती है।

हमारे ठहरने की व्यवस्था तो सर्किट-हाउस में थी। लालमोहन बाबू ने कहा कि वे न्यू बांबे लॉज में ठहरेंगे। 'कल सवेरे जल्दी आऊँगा और किला देखने एक साथ चलेंगे'—इतना कहकर वे ताँगा स्टैंड की तरफ चले गए।

हम लोग एक टैक्सी लेकर सर्किट-हाउस की ओर चल पड़े। सुना गया कि सर्किट-हाउस तो काफी करीब ही है। चलती टैक्सी में घरों के बीच-बीच में से एक पत्थर की लंबी ऊँची दीवार दिखाई पड़ रही थी। यह दीवार करीब दो-मंजिले मकानों जितनी ऊँची थी। फेलूदा ने कहा कि एक समय पूरा जोधपुर शहर इस चारदीवारी से घिरा हुआ था, इस चारदीवारी में, सात जगह सात फाटक हैं। बाहर से किसी आक्रमण की संभावना होने पर ये सारे फाटक बंद कर दिए जाते थे।

रास्ते में एक मोड़ आने पर फेलूदा ने कहा, 'वो देखो बाईं तरफ।'

शहर के सारे घरों के ऊपर दूर एक विशाल और गम्भीर किला दिखाई दे रहा था। देखने पर समझ गया कि यही जोधपुर का वह प्रसिद्ध किला है। मैं जानता हूँ कि यहाँ के राजाओं ने मुगलों की तरफ से लड़ाई लड़ी थी।

किले को कब देखेंगे यह सोचते-सोचते ही सर्किट-हाउस पहुँच गए। सर्किट-हाउस के दवाजे के भीतर घुसते ही एक बगीचा है, फिर एक पोर्टिको, जिसके नीचे जाकर हमारी टैक्सी ठहरी। सामान आदि उतारकर टैक्सी का किराया चुकाया। अंदर पहुँचे। एक साहब ने हमारी तरफ बढ़कर अंग्रेजी में पूछा, आप क्या कलकत्ता से आ रहे हैं और उसने फेलूदा का नाम लेते हुए पूछा, मिस्टर मित्तिर आप ही हैं क्या? फेलूदा के 'हाँ' कहने पर वह साहब बोले, 'आप लोगों के लिए ग्राउंडफ्लोर पर एक डबल रूम

बुक किया है।' रजिस्टर में जब हम लोग अपना नाम-पता भरने लगे तो हमारे नाम के कुछ ऊपर ही दो परिचित नामों पर दृष्टि पड़ी—डॉ. एच.बी. हाजरा तथा मास्टर एम. धर।

सर्किट-हाउस का नक्शा खूब अच्छा था। शुरू में काफी खुली जगह, फिर स्वागत कक्ष और फिर मैनेजर का कमरा। सामने दूसरी मंज़िल पर जाने के लिए सीढ़ी तथा नीचे दाएँ-बाएँ दोनों तरफ लंबा बरामदा और बरामदे में एक तरफ लगातार कमरे। बरामदे में बेंत की कुर्सियाँ रखी हुई हैं। एक बेयरा आया, उसने हमारा सामान उठाया और हम उसके पीछे-पीछे ही बरामदे में तीन नंबर के कमरे की तरफ चल दिए। बरामदे में बेंत की कुर्सी पर एक मूँछोंवाला अधेड़ आदमी एक मारवाड़ी टोपीवाले के साथ बैठा बातें कर रहा था। जब हम उनके पास से गुजरे तो उसने शुद्ध बांग्ला में कहा, 'कोई बांगाली लगते हैं?' फेलूदा ने हँसकर 'हाँ' कहा। हम लोग तीन नंबर के कमरे में पहुँच गए।

काफी बड़ा कमरा था। आस-पास में दो पलँग, उन पर मच्छरदानी भी। एक तरफ दो लोगों के बैठने का सोफा व दूसरी तरफ एक आदमी के बैठने के दो सोफे रखे थे—एक गोल टेबल पर ऐश ट्रे रखी थी। इसके अलावा ड्रेसिंग टेबल, अलमारी और पलँग के पास में दो छोटी टेबलों पर पानी का जग, गिलास तथा बेड-साइड लैंप। कमरे के साथ लगे बाथरूम का दरवाजा बाईं तरफ था।

फेलूदा ने बेयरे से चाय के लिए कहा, पंखा खोला, सोफे पर बैठ गए और पूछने लगे, 'रजिस्टर में दर्ज दोनों नाम देख लिए?'

मैंने कहा, 'हाँ, लेकिन वह चौड़ी मूँछवाला आदमी शायद डॉ. हाजरा नहीं है।'

'क्यों, हो भी तो क्या हर्ज है?'

हर्ज क्या है? यह तो मैं चट से सोचकर नहीं बता सकता था। मुझे असमंजस में पड़ा देख फेलूदा बोले, 'क्यों, दरअसल उन्हें देखकर तुम्हें अच्छा नहीं लगा। तुमने मन में समझा होगा कि डॉ. हाजरा बहुत ही शान्त,

प्रसन्नचित्त और विनम्र स्वभाव के व्यक्ति होंगे, क्यों यही ना?'

फेलूदा ने ठीक ही समझा। यह आदमी देखने में तो काफी सयाना लग रहा है। इसके अलावा यह भी लगता था कि काफी लंबा और खूँखार होगा। डाक्टर नाम से जो कल्पना की थी ऐसा तो बिलकुल नहीं था।

फेलूदा की एक सिगरेट भी पूरी नहीं हुई कि चाय आ गई और बेयरा कमरे के भीतर पहुँचा भी नहीं था कि किसी ने दरवाजा खटखटाया। फेलूदा एकदम अंग्रेजी तरीके से बोले, 'कम इन।' पर्दा हटाकर भीतर झाँका फौजी मूँछों ने।

'डिस्टर्ब तो नहीं किया मैंने?'

'कत्तई नहीं। बैठिए। चाय लेंगे?'

'जी नहीं, अभी थोड़ी देर पहले ही ली थी। और फ्रैंकली स्पीकिंग, इधर आपको चाय का आराम नहीं है। इधर का ही क्या बोलें, भारतवर्ष तो खास चाय का देश है, फिर भी बताइए आपने किसी होटल, किसी डाक-बँगले, किसी सर्किट-हाउस में अच्छी चाय पी है? लेकिन बाहर जाइए, विदेशों में जाइए—और तो और अल्बानिया जैसी जगहों पर जाकर मैंने अच्छी चाय पी है, जानते हैं। फर्स्ट क्लास दार्जिलिंग टी! और यूरोप के अन्य बड़े शहरों की बात ही छोड़िए! एकमात्र खराब जो लगता है वह है कपड़े की थैली में चाय की पत्ती का मामला, जिन्हें टी-बैग्स बोलते हैं। कप में गरम जल रहेगा और धागे से बँधी कपड़े की थैली में रहेगी चाय की पत्ती। उसे पानी में डुबाकर निकाल लो और आपकी चाय बन गई। फिर उसमें चाहे दूध डाल लो, चाहे नींबू, जो आपकी रुचि हो। मैं तो नींबू की चाय ज्यादा प्रेफर करता हूँ। लेकिन उसके लिए अच्छा 'लिकर' चाहिए। इधर तो चाय एकदम आर्डिनरी है।

'लगता है आप कई जगह घूम-घाम आए हैं?' फेलूदा ने पूछा।

'वही तो किया है सारा जीवन-भर,' वे महाशय बोले, 'मैं तो वह हूँ जिसे ग्लोब-ट्रॉटर कहा जाता है। इसके साथ ही शिकार का शौक भी है। यह अफ्रीका में रहने से ही पैदा हुआ था। मेरा नाम मंदार बोस है।'

ग्लोब-ट्रॉटर उमेश भट्टाचार्य का नाम तो सुना था, किन्तु इनका नाम तो नहीं सुना! उन महाशय को जैसे हमारे मन की बात का अंदाज हो गया, बोले–'अवश्य ही आपने मेरा नाम नहीं सुना होगा, सुनने का सवाल ही नहीं है। जब पहले-पहल निकला था तब अखबारों में नाम आया था। तब से अब तक छत्तीस साल और करीब तीन मास बाद अभी देश लौटकर आया हूँ।'

'उसको देखते हुए तो आपका बंगाली पर अब भी खूब अधिकार है, अच्छा बोल लेते हैं।'

'देखो मोशाय, वह एंटायरली खुद की इच्छा-अनिच्छा पर निर्भर करता है। आप यदि विदेश में बंगाली भूल जाने की इच्छा करते हैं तो तीन मास में ही सब भूल जाएँगे। और यदि आपकी इच्छा नहीं है तो तीस बरस भी भूलने का कोई चांस नहीं है। मुझे तो बंगालियों की भी खूब संगत रही है। केन्या में एक बार हाथीदाँत का व्यापार शुरू किया था, तब एक बंगाली मेरे साथ था। हम लोग कोई सात वर्ष तक साथ रहे।'

'सर्किट-हाउस में आपके सिवा और भी कोई बंगाली हैं क्या?'

यह कई बार देखा था कि फेलूदा बेकार की बातों में समय नष्ट करनेवाले नहीं हैं।

वे महाशय बोले, 'है तो सही। यही मुझे आश्चर्य होता है। दरअसल कलकत्ते में बंगालियों को अब चैन नहीं यह साफ समझ में आता है। अतः मौका मिलते ही इधर-उधर सफर को निकल जाते हैं। निश्चित ही दिस मेन हैज कम विद् ए परपज। ये साहब साइक्लोजिस्ट हैं। लेकिन ऐसा लगता है कि ये मामला कुछ गड़बड़ है। साथ में कोई आठेक वर्ष का लड़का है; कहते हैं कि वह 'जातिस्मर' है। पूर्व जन्म में राजस्थान के किसी किले में जन्म लिया था, ऐसा वह बताता है। ये साहब उस लड़के को साथ लिए उसी किले की खोज में निकले हैं। वह डॉक्टर बदमाश है या यह लड़का धोखा दे रहा है, यह पता करना मुश्किल है। फिर उस लड़के के हाव-भाव भी बड़े ससपीशस हैं। किसी के साथ ठीक से बात नहीं करता

है। कुछ पूछने पर जवाब नहीं देता है। वेरी फिस्सी। वैसे मैंने पिछले तीस सालों में बहुत धोखाधड़ी देखी है और यहाँ आकर भी वही देखनी होगी यह मैंने नहीं सोचा था।'

'आप यहाँ भी ट्रॉटिंग करने ही आए हैं ना?'

वे सज्जन हँसते हुए सोफा छोड़कर उठे और बोले, 'टु टेल यू द् ट्रुथ—अपने ही देश को अभी तक ठीक से नहीं देखा है। बाई द् वे—आपका परिचय तो अभी तक मिला ही नहीं?'

फेलूदा ने मेरा और अपना परिचय देकर कहा, 'हम तो अपने देश से बाहर अभी कहीं नहीं गए।'

'आई सी, वेल—साढ़े आठ बजे जब डाइनिंग रूम में आएँगे तो फिर मुलाकात होगी। मैं तो वैसे अर्ली टू राइज एंड अर्ली टू बेड वालों में से हूँ?'

उनके साथ हम दोनों भी बाहर बरामदे में चले आए। तब देखा कि गेट से एक टैक्सी आ रही है। वह आकर सर्किट-हाउस के सामने रुकी। उसमें से चालीसेक साल के एक मध्यम कद के सज्जन उतरे, और उनके साथ एक दुबला-पतला गोरा लड़का भी। हम समझ गए कि ये साहब ही डॉ. हेमांग हाजरा और 'जातिस्मर श्रीमान मुकुल धर' हैं।

5

मिस्टर बोस डॉ. हाजरा को गुड ईवनिंग कहते हुए अपने कमरे की तरफ चले गए। डॉ. हाजरा लड़के का हाथ पकड़े बरामदे की तरफ हमारी ओर आ रहे थे। जब उन्होंने दो अपरिचित बंगाली लोगों को (हमको) वहाँ देखा तो अचम्भे में पड़ गए। फेलूदा ने मुस्कराकर नमस्कार किया और पूछा, 'लगता है कि आप डॉ. हाजरा हैं?'

'हाँ...लेकिन आप...तो...?'

फेलूदा ने अपनी जेब से एक कार्ड निकालकर डॉ. हाजरा को दिया और बोले, 'मुझे आपसे कुछ बात करनी है। सच पूछें तो मैं आपको खोजता हुआ ही आया हूँ, सुधीर बाबू के आग्रह पर। सुधीर बाबू ने आपके नाम एक चिट्ठी भी दी है।'

'ओह, आई सी। मुकुल, तुम कमरे में जाओ। मैं इनके साथ कुछ बातचीत करके आ रहा हूँ। समझे?'

'मैं बगीचे में जाता हूँ।'

लड़के की आवाज बाँसुरी की मीठी थी, हालाँकि उसने बहुत ही अनमने भाव से, सपाट स्वर में यह बात कही थी, जैसे किसी मशीन से आवाज निकली हो। डॉ. हाजरा ने कहा, 'ठीक है, बाग में जाओ। अच्छे बेटे हो, ठीक से रहना, गेट के बाहर मत जाना, अच्छा!'

लड़के ने और कुछ नहीं कहा। वह बरामदे से कूदकर उतरा और फिर फूलों के गमलों की कतार को लाँघकर बगीचे की घास पर पहुँचा और एक जगह चुपचाप खड़ा हो गया। डॉ. हाजरा एकाएक हमारी ओर घूमकर जाने कोई अप्रासंगिक-सी हँसी हँसकर बोले, 'कहाँ बैठेंगे?'

'हमारे कमरे में आ जाइए।'

डॉ. हाजरा के कानों के पास के बाल पके हुए हैं। दोनों आँखों में तीक्ष्ण बुद्धि की छाप है। पास से देखने पर लगा कि उम्र करीब पचास के आसपास होगी। हम तीनों लोग सोफे पर बैठ गए। फेलूदा ने डॉ. हाजरा को सुधीर बाबू की चिट्ठी दी और एक चारमीनार ऑफर की। उन्होंने केवल इतना ही कहा, 'इस रस से मैं वंचित हूँ,' और चिट्ठी पढ़ने लग गए।

पढ़कर डॉ. हाजरा ने चिट्ठी मोड़कर जेब में रख ली।

फेलूदा ने अब नीलू के किडनैप हो जाने की घटना बताई और कहा, 'सुधीर बाबू को डर है कि वे लोग कहीं मुकुल का पीछा करते-करते जोधपुर तक न चले आएँ। उसी से चिन्तित होकर वे मेरे पास आए थे। मैं भी उनका अनुरोध स्वीकार कर तत्काल यहाँ आ गया। राजस्थान देखने की इच्छा बहुत दिनों से थी। कहीं ऐसा न हो कि कोई दुर्घटना हो जाए और सारी आशाओं पर पानी फिर जाए।'

डॉ. हाजरा क्षण-भर सोचकर बोले, 'भय की जो संभावनाएँ आपने बताई हैं वैसा अभी तक तो इधर कुछ घटा नहीं है। लेकिन मामला यह है कि अखबार के रिपोर्टरों को इतनी बात भी नहीं बतानी चाहिए। मैंने सुधीर बाबू को पहले ही बता दिया था कि इन्वेस्टीगेशन कुछ हो जाए तब रिपोर्टरों को जितनी इच्छा हो उतनी बात बता दें। विशेष रूप से वह गुप्त धन की बात। वैसे मैं समझता हूँ कि शायद ये सभी बातें निराधार हैं। लेकिन कुछ लोग ऐसे हैं जो अनायास ही लालच में आ जाते हैं।

'जातिस्मर के विषय में आप क्या सोचते हैं?'

'जो कुछ राय बनती है उसके सहारे तो अंधकार में टटोलने से ज्यादा

कुछ भी कहा नहीं जा सकता है। लेकिन टटोलें नहीं, यह भी कैसे कह सकते हैं। आगे कभी जातिस्मर हुए ही नहीं हों सो भी बात नहीं है। और जो हुए हैं, उनकी बातें हू-ब-हू मिली भी हैं। इसी कारण ज्यों ही मुझे बालक मुकुल की खबर मिली, त्यों ही मैंने इसकी जाँच-पड़ताल करने का निश्चय कर लिया। यदि इसकी बातों का पूरा विवरण ज्यों का त्यों सही मिल जाता है तब उसकी हर प्रामाणिक घटना के रूप में आगे गवेषणा करूँगा।'

'कुछ प्रगति हुई है?' फेलूदा ने पूछा।

'कम से कम यह तो समझ में आया है कि राजस्थान के संबंध में तो कोई भूल नहीं की है। यहाँ की मिट्टी पर पाँव पड़ते ही मुकुल के हाव-भाव बदल गए हैं। माँ-बाप, भाई-बहिन को छोड़ अजाने व्यक्ति के साथ यह चला आया है—यह तो समझ ही रहे हैं आप। फिर जब से चले हैं तब से इसने उनमें से किसी का भी नाम तक नहीं लिया है।'

'आपसे उसका संबंध कैसा है?'

'कोई गड़बड़ नहीं। कारण तो स्पष्ट ही है, मैं उसे उसके स्वप्नलोक में जो ले जा रहा हूँ। उसका सारा मन तो सोने के किले के देश में पड़ा रहता है, और यहाँ आकर कोई भी किला देखकर तो वह बार-बार उत्सुक हो उठता है।'

'किन्तु सोने का किला देख लिया क्या?'

डॉ. हाजरा ने सिर हिलाकर नाहीं की।

'नहीं, वह नहीं देखा। आते समय किशनगढ़ देखा है। कल शाम यहाँ का किला बाहर से देखा था। आज बाड़मेर देखने गए थे। बार-बार यही कहता है कि यह नहीं, दूसरा देखने चलो। ऐसे कामों में धीरज की आवश्यकता होती है सा'ब। अब चित्तौड़-उदयपुर की ओर जाने से तो कोई लाभ नहीं, क्योंकि उधर बालू-रेत नहीं है। बालू-रेत की बात वह बार-बार करता है। कहते हैं कि बालू इधर है और इसके आगे भी है। सोचते हैं कल बीकानेर देख आएँ।'

'मैं आपके संग चलूँ तो कोई आपत्ति तो नहीं?'

'बिलकुल नहीं। कतई नहीं हो सकती। आपका साथ रहने से तो कुछ निश्चिंतता ही रहेगी। कारण...एक घटना...'

वे चुप हो गए। फेलूदा ने सिगरेट का पैकेट जेब से बाहर निकाला, लेकिन अभी वह खुला नहीं।

'कल शाम एक टेलीफोन आया था,' डॉ. हाजरा ने कहा।

'कहाँ पर?' फेलूदा ने पूछा।

'इसी सर्किट-हाउस में। मैं तब किला देखने गया हुआ था। किसी व्यक्ति ने पूछा था कि कलकत्ता से कोई सज्जन एक लड़के के साथ आकर ठहरे हैं कि नहीं। स्वाभाविक ही था कि मैनेजर ने 'हाँ' कह दिया।'

फेलूदा ने कहा, 'लेकिन इसका अर्थ यह भी हो सकता है कि कलकत्ता के पत्रों में छपे समाचारों को यहाँ भी किसी-न-किसी ने पढ़ लिया होगा और इसी कारण सही है कि नहीं, यह जानने को फोन कर दिया है? जोधपुर में भी तो बंगालियों की कमी नहीं है! इन बातों में कुतूहल होना स्वाभाविक नहीं है क्या?'

'समझता हूँ। लेकिन उन लोगों ने हमारे आने की खबर पा करके भी आगे और खोज क्यों नहीं की?' वे यहाँ क्यों नहीं आए?'

'हूँ...' फेलूदा ने गम्भीर भाव से सिर हिला दिया। 'मुझे लगता है कि मेरा आपके साथ ही रहना अच्छा है। और मुकुल को ज्यादा अकेला भी नहीं छोड़ना है।'

'पागल हूँ क्या!'

डॉ. हाजरा उठ खड़े हुए।

'कल के लिए एक टैक्सी का बंदोबस्त किया है। आप तो केवल दो ही हैं, एक ही टैक्सी काफी होगी।'

वे दरवाजे की ओर मुड़े ही थे कि सहसा फेलूदा एक प्रश्न कर बैठे– 'अच्छी बात है–शिकागो में क्या एक बार आपसे सम्बन्धित कोई घटना घटी थी? यही करीब चार वर्ष पहले?'

डॉ. हाजरा ने भौंहें सिकोड़ीं।

'घटना? शिकागो मैं गया तो था...'

'एक किसी आध्यात्मिक चिकित्सालय के संबंध में...'

डॉ. हाजरा हो-हो कर हँस पड़े–'ओहो–वह स्वामी भवानंद का मामला? जिसे अमरीकी लोग भाभानांडा कहते हैं? हुई थी वह। लेकिन अखबारों में जो प्रकाशित हुआ था वह बढ़ा-चढ़ा था। आदमी कपटी था यह तो सही है, लेकिन ऐसे कपटी तो अनेक नीमहकीम होते हैं, जादू-टोनेवालों में भी ऐसे कई कपटी पाए जाते हैं। इससे अधिक तो कुछ नहीं था। उसके रोगियों ने उसकी असली बदमाशी खोल दी। खबर फैल गई। प्रेस के लोग मेरे पास राय लेने आए। मैंने उसके संबंध में थोड़ी नरमी से राय दी। अखबारवालों ने तिल का ताड़ बनाकर छाप दिया। इसके बाद मेरा उन महाशय से परिचय हुआ। मैंने खुद उन्हें सारी बात साफ-साफ समझाई–एंड वी पार्टेड एज फ्रेंड्स।'

'धन्यवाद। अखबारों की खबरें देखकर मेरी कुछ और ही धारणा बन गई थी।'

डॉ. हाजरा के साथ-साथ हम भी कमरे से टहलते हुए निकले। शाम हो गई थी। पश्चिम का आकाश जब लाल हुआ तो सड़कों की बत्तियाँ जल गईं। किन्तु मुकुल किधर गया? बाग में था वह, लेकिन अभी तक नजर नहीं आया। डॉ. हाजरा दौड़कर अपने कमरे में गए और उसी क्षण हड़बड़ाए हुए लौट आए।

'लड़का गया कहाँ,' 'बरामदे के बाहर झाँकते हुए वे बोले। मैं उनके पीछे-पीछे बाग में गया। निस्सन्देह वह बाग में भी नहीं था।

'मुकुल!' डॉ. हाजरा ने आवाज दी, 'मुकुल!'

'उसने आपकी आवाज सुन ली,' फेलूदा बोले, 'वह आ रहा है।'

झुटपुटे अँधेरे में हमने देखा मुकुल रास्ते की ओर से गेट में होकर आ रहा था। और उसी वक्त देखा कि दूसरी ओर सामने के फुटपाथ पर एक आदमी तेज चाल से चलता हुआ नए पैलेस की दिशा में चला गया।

उस आदमी का मुँह तो नजर नहीं आ सका, पर उसके शरीर पर पहने हुए कपड़े गहरे लाल रंग के थे, यह उस अँधेरे के बावजूद भी हमें स्पष्ट दिखाई दे गया था। क्या फेलूदा को वह आदमी नजर आया था?

मुकुल अब हमारे पास आ गया था। डॉ. हाजरा के चेहरे पर खुशी थी, वे हाथ बढ़ाकर आगे गए और बहुत ही मृदुल स्वर में बोले–'इस तरीके से बाहर मत चले जाया करो मुकुल!'

'क्यों?' मुकुल ने शान्त भाव से पूछा।

'अनजान जगह है–कई तरह के बदमाश लोग रहते हैं इधर।'

मैं पहचानता हूँ।'

'किसे पहचानते हो?'

मुकुल ने हाथ से सड़क की ओर इशारा किया और कहा, 'वही, जैसा वह आदमी आया था।'

हेमांग बाबू मुकुल के कंधे पर हाथ रखे फेलूदा की ओर देखते हुए बोले, 'दैट्स दा ट्राबल। किसको वह वास्तव में पहचान लेता है और किसको वह पिछले जन्म से जानता है यह बताना मुश्किल है।'

मुकुल के हाथ में कागज का एक टुकड़ा चमकता नजर आया। फेलूदा ने ही देखा और बोले, 'तुम्हारे हाथ में जो कागज है उसे देख सकता हूँ?'

मुकुल ने कागज दे दिया। एक सुनहरे रंग का दो इंच लंबा और आधा इंच चौड़ा कागज था।

'यह तुम्हें कहाँ से मिला मुकुल?' फेलूदा ने पूछा।

'यहीं,' दूब की ओर इशारा करके मुकुल ने कहा।

'यह मैं रख लूँ?' फेलूदा ने पूछा।

'ना, वह तो मुझे मिला है।' वही स्वर, ठंडे गले का शान्त स्वर। विवश होकर फेलूदा ने कागज लौटा दिया।

डॉ. हाजरा ने कहा, 'चलो मुकुल, कमरे में चलें। हाथ-मुँह धो लो, फिर भोजन करने चलेंगे हम लोग। चलें मिस्टर मित्तिर। कल ठीक साढ़े

सात बजे ब्रेकफास्ट करके हम लोग जल्दी ही निकल जाएँगे।'

भोजन करने को जाने से पहले फेलूदा ने सुधीर बाबू को अपने पहुँचने की खबर का और मुकुल के समाचारों का पोस्टकार्ड लिख डाला। नहा-धोकर जब डाइनिंग रूम में पहुँचे तब डॉ. हाजरा और मुकुल अपने कमरे में लौट गए थे। मंदार बाबू सामनेवाले एक कोने में उसी गैर-बंगाली व्यक्ति के साथ बैठे पुडिंग खा रहे थे। हमारा सूप आया तब तक वे उठ चुके थे। दरवाजे की ओर जाते-जाते मंदार बोस हमारी ओर हाथ हिलाकर 'गुड नाइट' कह गए।

दो दिन रेल का सफर करने से काफी थकान लग रही थी। इच्छा हो रही थी कि भोजन करके सो जाऊँगा, किन्तु फेलूदा के लिए कुछ समय जगे रहना पड़ा। फेलूदा अपनी नीली कापी लिए सिगरेट फूँकते हुए सोफे पर बैठे थे और मैं खाट पर जाकर सो गया था। हमारे साथ मच्छर-विरोधी मलहम था अतः मसहरी नहीं टाँगी।

फेलूदा ने ऑटो-पैन के पीछे का बटन दबाकर निब बाहर निकाला और बोले–'किस-किसके साथ बात हुई।'

मैं बोला–'कब से शुरू करूँ?'

'सुधीर घर आए तब से।'

'तब से पहले सुधीर बाबू। फिर शिवरतन। उसके बाद नीलू। उसके बाद शिवरतन बाबू का नौकर।'

'नाम क्या?'

'याद नहीं–'

'मनोहर। उसके बाद?'

'उसके बाद जटायू।'

'असली नाम क्या?'

'लालमोहन।'

'जाति।'

'जाति...जाति...गांगुली।'

'गुड।'

फेलूदा लिखते चले गए। मैं भी बोलता चला गया।

'उसके बाद वही लाल कपड़ोंवाला आदमी।'

'बात हुई थी उससे?'

'नहीं—वह तो हुई नहीं।'

'ठीक है। नैक्स्ट?'

'मंदार बोस। और आपके साथ जो आदमी था वह।'

'वह मुकुलधर, और डॉ.—'

'फेलूदा!'

मेरी चीत्कार सुनकर फेलूदा का बोलना रुक गया। मेरी नजरें गड़ी थीं फेलूदा के बिस्तर पर। पता नहीं कोई विषैला जानवर तकिये से निकलने की चेष्टा कर रहा था। मैंने अँगुली से उधर इशारा किया।

फेलूदा झपट्टे के साथ फौरन उठ गए। तकिया ऊँचा करते ही नीचे डंकवाला काला बिच्छू निकल आया। फेलूदा ने बिस्तर पर चादर की एक फटकार मारी। बिच्छू नीचे गिरा और चप्पल उठाकर तीन जोरदार तमाचे जड़े। बिच्छू का काम तमाम। फिर अखबार के कागज से बिच्छू को पकड़कर गुसलखाने में गए और पीछे के खुले दरवाजे में से इस पोटली को बाहर फेंक दिया। वापस आ बोले, 'जमादार के भरोसे दरवाजा तो खुला ही पड़ा था, तभी यह बेटा भीतर चला आया। अब तुम सो जाओ। कल सुबह उठना है।'

मुझे किन्तु बिलकुल निश्चिंत नहीं लग रहा था। मेरा मन कह रहा था—नहीं, ठहरो। यदि मुझे टैलीपैथी का ज्ञान होता तो शायद जान सकता कि ऐसी विपत्ति आनेवाली है। खैर! ऐसा नहीं है इसलिए ही सोने की कोशिश कर रहा हूँ।

6

दूसरे दिन सबेरे उठकर दाँत साफ करने को कमरे से बाहर निकल रहा था कि एक परिचित आवाज सुनाई दी, 'गुड मॉर्निंग!' देखा तो जटायू हाजिर। फेलूदा पहले ही बाहर बरामदे में बेंत की कुर्सी पर बैठे चाय की प्रतीक्षा कर रहे थे। लालमोहन बाबू गोल-गोल आँखें बनाते हुए बोले, 'ओहो, कितनी थ्रिलिंग जगह है मोशाय! फुल आफ पावरफुली ससपीशस कैरेक्टर्स!'

'आप तो सुरक्षित हैं न?' फेलूदा ने पूछा।

'क्या कहते हैं आप! यहाँ आकर तो बहुत ही फिट महसूस कर रहा हूँ। आज मैंने मेरे लॉज के मैनेजर को ही पंजा लड़ाने के लिए चैलेंज कर दिया। पर वे तैयार नहीं हुए।' फिर आगे बढ़कर फुसफुसाकर बोले, 'मेरे सूटकेस में एक अस्त्र है–'

'गुलैल क्या?' फेलूदा ने पूछा।

'नो सर! एक नेपाली खुकरी। खास काठमांडू की चीज है। कोई अटैक कर दे तो उसी वक्त पेट में भोंक दो, फिर जो भी हो, देखा जाएगा। कई दिनों से एकाध-एकाध वेपन का कलेक्शन करता रहता हूँ, क्या समझे?'

मुझे हँसी आ जाती, किन्तु धीरे-धीरे संयम का अभ्यास हो गया है

कि उन्हीं का साथ दिया। लालमोहन बाबू फेलूदा के पास ही कुर्सी पर बैठकर बोले, 'आज का क्या कार्यक्रम है हमारा? फोर्ट देखने नहीं चलेंगे?'

फेलूदा ने उत्तर दिया, 'वह तो देखेंगे, पर यहाँ नहीं। बीकानेर।'

'अचानक आगे बीकानेर को चल दिए? क्यों भला?'

'साथी मिल गया है। एक गाड़ी जा रही है।'

बरामदे के पश्चिम की ओर से एक और गुड मार्निंग की आवाज आई। ग्लोब-ट्रॉटर आ रहे थे। 'अच्छी नींद आई?'

लालमोहन बाबू ने फौजी मूँछों व खूँखार चेहरेवाले मंदार बोस की ओर काफी प्रशंसा से देखा। फेलूदा ने दोनों व्यक्तियों का परिचय दिया।

'अरे बाप रे! ग्लोब-ट्रॉटर?' लालमोहन बाबू की आँखें चमक उठीं। 'आपको तो काफी कुछ कल्टिवेट करना है। आपके अनुभव तो वास्तव में बड़े लोमहर्षक हैं।'

'आपको कैसे चाहिए?' मंदार बोस हँसकर बोले, 'नरभक्षी जादूगरों की हँडिया में उबलना ही बाकी रहा है, बाकी तो सबकुछ हो गया।'

मुकुल इस बीच कब बरामदे में आकर खड़ा हो गया था यह पता ही नहीं चला। इधर देखता हुआ भी खड़ा-खड़ा वह एकटक बाग की ओर देख रहा था।

अब डॉ. हाजरा भी तैयार होकर आ गए। उनके एक कंधे पर एक फ्लास्क, दूसरे पर बाइनाकुलर और गले में कैमरा लटक रहा था। बोले, 'लगभग साढ़े चार घंटे का रास्ता है। आप लोग भी साथ में फ्लास्क ले लें। रास्ते में क्या मिलेगा कुछ पता नहीं। मैंने होटलवाले को कह दिया—चार लोगों के लिए लंच-पैकेट दे देगा।'

मंदार बोस बोले, 'कहाँ जाइएगा आप सब लोग?'

बीकानेर का नाम सुनते ही वे महाशय भी मचल पड़े—'जाना ही यदि है तो सब लोग एक साथ जाएँ।'

'दि आइडिया!' जटायू ने कहा।

डॉ. हाजरा ने टालने के भाव से कहा—'एक साथ आखिर हम कितने

लोग जा सकते हैं?'

मंदार बोस ने कहा, 'एक गाड़ी से तो सभी के जाने का सवाल ही नहीं है। आइ बिल एरेंज फार अनदर टैक्सी। मेरा ख्याल है मेरे साथ मिस्टर माहेश्वरी भी जाएँगे।'

'आप जाएँगे क्या?' लालमोहन बाबू से डॉ. हाजरा ने पूछा।

'जाऊँगा, लेकिन शेयर करके, किसी के कन्धे पर चढ़कर नहीं। आप चार लोग एक साथ जाइए। मैं मिस्टर ग्लोब-ट्रॉटर के साथ जाऊँगा।'

अब समझ में आया कि वे महाशय मंदार बाबू से कहानियाँ सुन-सुनकर अपना स्टॉक बढ़ाना चाहते थे। कम-से-कम पच्चीस रोमांचकारी उपन्यास तो वे पहले ही लिख चुके थे। अच्छा हुआ, एक गाड़ी में पाँच लोग हो जाते तो काफी ठसाठसी हो जाती। मंदार बाबू ने मैनेजर को कहकर एक और टैक्सी का बंदोबस्त कर लिया। लालमोहन बाबू तैयार होने के लिए न्यू बांबे लॉज चले गए। जाते-जाते कह गए—'कृपया मुझे भी पिक-अप कर लेना। मैं हाफ-एन-आवर में रैडी हो जाऊँगा।'

सोने का किला

पहले ही बता दूँ—बीकानेर का किला देखकर पहली बार में ही मुकुल ने उसे अस्वीकार कर दिया था। किन्तु वह आज की असली घटना नहीं है। असली घटना घटी देवीकुंड में, और उसी से मालूम हुआ कि हमारा वास्ता बड़े भयंकर दुश्मनों से पड़ा हुआ था।

बीकानेर जाते वक्त रास्ते में कुछ नहीं घटित हुआ, केवल साठेक मील जाने पर देखा कि बनजारों का एक दल रास्ते के किनारे अपनी दुनिया बसाए बैठा था। मुकुल ने गाड़ी रुकवाई और उनके बीच घूमकर बोला कि वह उन्हें जानता है।

तब फेलूदा के साथ डॉ. हाजरा की कुछ बातचीत हुई मुकुल को लेकर, उसे भी अभी बताऊँगा। ये सब बातें ड्राइवर के पास बैठा मुकुल सुन पा रहा था कि नहीं, पता नहीं, किन्तु सुन पाया हो तो भी उसके हावभाव से कुछ मालूम नहीं पड़ सकता था।

फेलूदा ने कहा, 'अच्छा डॉ. हाजरा, मुकुल ने आपसे पूर्वजन्म की क्या-क्या बातें या घटनाएँ बताई हैं यह तो एक बार बता दीजिए।'

हाजरा ने कहा, 'उसने जो कुछ भी बताया है उसमें बार-बार सोने के किले का जिक्र किया है। उसी सोने के किले के पास ही वहीं उसका घर था। उस घर के तलघर में धन का एक कलश था। जिस तरीके से वह बयान करता है उसे देखते तो यही लगता है कि जरूर वह कलश इसी के सामने छिपाया गया होगा। इसके अलावा वह युद्ध की बात भी बताता है। कहता है अनेक हाथी, अनेक घोड़े थे, सिपाही थे, धनुष थे। भीषण ध्वनि और भीषण चीत्कार भी हुआ था। और ऊँटों की बातें भी बताता है। ऊँटों की पीठ पर वे चढ़े हुए थे और मोर भी थे। मोर ने उसके हाथ पर चोंच मार दी थी। रक्त निकल आया था। बालू-रेत की बात भी करता है। देखा नहीं, बालू-रेत देखकर कितना चंचल हो उठता है!'

पौने बारह बजे बीकानेर पहुँचे। शहर के पास पहुँचने पर कुछ चढ़ाई आ जाती है। यह चढ़ाई पार करने पर ऊपर पहुँचो तो शहर दिखाई देने लगता है और चारदीवारी में घिरे इस शहर के बीचोंबीच दिखाई पड़ता है

लाल रंग के पत्थरों से निर्मित एक विशाल किला।

गाड़ी लेकर हम सीधे पहले किले की ओर गए। जितना पास जाएँ किला और अधिक बड़ा नजर आएगा, बाबा ठीक ही कहते थे। राजपूत लोग कितने महान शक्तिशाली हुआ करते थे यह जानने को इन किलों की शक्ल देख लेना ही काफी है।

किले के दरवाजे के सामने टैक्सी रोकते ही मुकुल बोला, 'यहाँ क्यों रुक गए?'

डॉ. हाजरा ने कहा, 'किले को पहचानते हो मुकुल?'

मुकुल ने गम्भीर स्वर में उत्तर दिया, 'नहीं, यह तो भद्दा किला है। सोने का किला नहीं है।'

हम सब लोग गाड़ी से बाहर उतरकर खड़े हो गए थे। मुकुल की बात पूरी हुई नहीं कि किधर से ही एक कर्कश आवाज सुनाई दी और उसी क्षण मुकुल दौड़कर डॉ. हाजरा के पास आ गया और उनके दोनों हाथ पकड़कर खड़ा हो गया। आवाज किले के सामनेवाले पार्क से आई थी।

फेलूदा बोले, 'मोर की आवाज है। ऐसा पहले भी हुआ है क्या?'

डॉ. हाजरा मुकुल के सिर पर हाथ फेरते-फेरते बोले, 'कल जोधपुर में हुआ था। ही कांट स्टैंड पीकॉक्स।'

फिर मुकुल का चेहरा देखने में फक्क हो गया था। वह उसी गम्भीर और मधुर स्वर में बोला, 'यहाँ नहीं ठहरेंगे।'

डॉ. हाजरा ने फेलूदा से कहा, 'मैं गाड़ी लेकर सर्किट-हाउस चलता हूँ, वहीं आपकी प्रतीक्षा करूँगा। आप इतनी दूर तक आए हैं तो घूम-फिरकर थोड़ा देख लीजिए। मैं वहाँ पहुँचकर गाड़ी वापस भेज दूँगा। आप देख चुकें तब सर्किट-हाउस आ जाएँ। दो बजे के बाद अधिक न ठहरें क्योंकि लौटते वक्त फिर रात हो जाएगी।'

हाजरा का उद्देश्य तो वास्तव में पूरा नहीं हुआ किन्तु हमको उसका विशेष दुख नहीं। पहली बार हम किसी राजपूत किले को भीतर से देख रहे थे। इस ख्याल से रोमांच हो रहा था।

किले के दरवाजे के सामने जब पहुँचे तब फेलूदा अचानक रुककर खड़े हो गए और मेरा कंधा दबाकर बोले, 'देखा?'

मैं बोला, 'क्या चीज?'

'वही आदमी।'

समझा, फेलूदा उसी लाल कपड़ेवाले आदमी की बात कह रहे थे।

लेकिन वे जिस दिशा में देख रहे थे उस दिशा में तो कोई लाल कपड़ेवाला दिखाई नहीं दे रहा था। वास्तव में वहाँ कई लोग थे क्योंकि दरवाजे के बाहर एक छोटा-मोटा बाजार-सा लगा हुआ था। मैंने कहा, 'कहाँ है वह आदमी?'

'ईडियट। तुम क्या लाल कपड़ा ढूँढ़ रहे हो?'

'तब फिर आप किस आदमी की बात कर रहे हैं?'

'तुम्हारे जैसा मूर्ख दुनिया में नहीं है। तुम केवल कपड़ा ही देख रहे हो, और कुछ भी नहीं देखते। इट वाज द्र सेम मैन, चादर से नाक को ढाँक रखा था। आज नीले कपड़े पहन रखे हैं। हम जब बनजारों को देख रहे थे तब एक टैक्सी बीकानेर की ओर जाती नजर आई थी। उसी में यह नीला कपड़ा देखा था मैंने।'

'लेकिन यहाँ क्या कर रहा है वह आदमी?'

'यह पता लग जाता, तब तो आधी बाजी ही मार ली होती।'

आदमी गायब हो गया। मन में उत्तेजना का भाव लिए हम किले के विशाल फाटक के भीतर गए। भीतर एक विराट दालान था। उसके दाहिनी ओर सीना फुलाए किला खड़ा है। दीवारों के कंगूरों पर कबूतरों का निवास है। हजार वर्ष पूर्व बीकानेर एक समृद्ध शहर था जो बहुत समय हुआ रेत के नीचे दब गया। फेलूदा ने बताया कि चार सौ वर्ष पहले राजा रायसिंह ने इस किले का निर्माण प्रारम्भ किया था। वह अकबर का एक विख्यात सेनापति था।

कुछ देर से एक बात मेरे मन में धड़क-धड़क कर रही थी। लालमोहन बाबू अभी तक नहीं आए, क्या बात है? उनको क्या वहाँ से

ही रवाना होने में देरी हो गई? या रास्ते में गाड़ी खराब हो गई? होगा कुछ। उनकी बात सोचकर यह सब आश्चर्यजनक ऐतिहासिक चीजें देखने का आनन्द नष्ट नहीं करूँगा।

जो चीज सबसे अधिक अद्‌भुत लगी वह थी वहाँ का अस्त्रागार। वहाँ केवल अस्त्र-शस्त्र ही नहीं थे, चाँदी का एक सुंदर सिंहासन भी था जिसका नाम था आलम अंबाड़ी। शायद वह मुगल बादशाह से उपहार में मिला था। इसके अलावा युद्ध में काम आनेवाला शिरस्त्राण, ढाल, तलवार, बल्लम, छुरा और जाने क्या-क्या! एक-एक तलवार इतनी बड़ी और भारी कि विश्वास ही नहीं होता कि कोई मनुष्य उसे उठाकर चला भी सकता था कभी! यह सब देखकर जटायू की याद आ रही थी, इतने में ही शायद मेरी टैलीपैथी के जोर से ही जटायू साहब हाजिर थे। भव्य किले के भव्य कमरों और भव्य दरवाजों के सामने नाटे जटायू जी और भी छोटे व हास्यास्पद लग रहे थे।

लालमोहन बाबू ने हमारे उधर देखने पर चारों तरफ देखा और कहने लगे, 'राजपूत भी कितने 'जाइंट' थे! यहाँ की चीजें तो आदमी के हाथ से काम में लाने की चीजें नहीं हैं।'

जैसा सोचा था वही हुआ। सत्तर किलोमीटर चलने पर टैक्सी का एक टायर पंक्चर हो गया। फेलूदा बोले–'आपके साथ दो लोग और थे, वे कहाँ हैं?'

'वे लोग बाजार में कुछ खरीद रहे थे। जब मैं और नहीं ठहर पाया तो चला आया।'

मैं जब फल-महल, गज-मंदिर, शीश-महल और गंगा-निवास देखकर उस चीनी बुर्ज के पास पहुँचा, तो मंदार बोस, मिस्टर माहेश्वरी के साथ वहाँ दिखाई दिए। उनके हाथ में अखबार के कागज में कुछ बँधा देखकर पता चला कि वे लोग खरीददारी करके लौटे हैं। मंदार बोस बोले–'यूरोप में मध्ययुगीन किलों में जो अस्त्र देखे और फिर आज जो यहाँ पर देखे हैं उससे तो यह प्रमाणित होता है कि मानव-जाति दिनों-दिन दुर्बल होती

जा रही है और मेरा तो विश्वास है कि डील-डौल में भी आदमी छोटा होता जा रहा है।'

'क्या ठीक मेरी ही तरह?' लालमोहन बाबू हँसकर बोले।

'हाँ! ठीक आप ही की तरह,' मंदार बाबू बोले–'मेरा विश्वास है कि आपकी साइज का तो एक भी आदमी सोलहवीं शताब्दी के राजस्थान में नहीं रहा होगा। अच्छा, बाई द् वे...' मंदार बाबू फेलूदा की तरफ मुड़कर बोले, 'सर्किट-हाउस की रिसेप्शन डेस्क पर यह पैकेट कोई आपके लिए छोड़ गया था।'

उन्होंने पैकेट को गौर से देखकर फेलूदा को थमा दिया। उस पर डाक टिकट नहीं लगे थे। लगता था कोई स्थानीय आदमी ही उसे दे गया है।

फेलूदा चिट्ठी खोलते-खोलते बोले–'आपको किसने दिया?'

'मैं जब वहाँ गया तो रिशेप्सन पर बैठनेवाले लड़के ने ही दिया, यह कुछ नहीं बताया कि कौन कब दे गया है।'

फेलूदा ने 'एक्सक्यूज मी' कहा, वह पैकेट मुझे पकड़ा दिया और चिट्ठी पढ़ने लगे। चिट्ठी में क्या लिखा था यह हम न तो जान सके और न ही पूछ सके।

कोई आधा घंटा घूमने के बाद फेलूदा बोले–'अब सर्किट-हाउस चलना होगा।' किला छोड़ने का मन नहीं हो रहा था लेकिन कोई उपाय भी नहीं था।

किले के बाहर दो टैक्सियाँ खड़ी प्रतीक्षा कर रही थीं। यह अच्छा ही हुआ कि हम एक साथ बाहर निकल आए। जब टैक्सी में बैठे तो ड्राइवर ने बताया कि डॉ. हाजरा तो सर्किट-हाउस नहीं गए हैं। उनके साथ वह जो लड़का था वह कहता था कि वह सर्किट-हाउस नहीं जाएगा।

'तब फिर वे लोग कहाँ गए हैं?' फेलूदा ने पूछा।

तब ड्राइवर ने बताया कि वे लोग देवीकुंड गए हैं। 'यह स्थान कहाँ है?' फेलूदा बोले, 'यहाँ पर राजपूत योद्धाओं के स्मृति-स्तम्भ हैं?'

पाँच मील की दूरी थी, कोई दस मिनट लगे पहुँचने में। स्थान सचमुच सुंदर था और उससे भी सुंदर थे वे स्मृति-स्तम्भ (छत्रियाँ)। पत्थर की वेदी पर, पत्थर के खम्भों पर ही पत्थर की छत्री टिकी थी। इस पर खुदाई का अत्यन्त सुंदर काम था। ऐसे स्मृति-स्तम्भ वहाँ चारों तरफ खड़े थे। कम-से-कम पचास तो होंगे ही। बाकी सारा स्थान पेड़ों और झाड़ियों से भरा था। इन सारे दरख्तों पर सुग्गों के दल के दल जमा थे। कोई फर्र-फर्र इधर-उधर उड़ता था तो कोई टीं-टीं करके पुकारता था। इतने सुग्गे एक साथ तो पहले कभी देखे नहीं थे मैंने।

लेकिन डॉ. हाजरा कहाँ हैं? और वह मुकुल कहाँ है?

लालमोहन बाबू की ओर देखा तो वे विचलित दिखाई दे रहे थे। बोले, 'वेरी ससपीशस एंड मिस्टीरियस?'

'डॉ. हाजरा!' मंदार बोस ने हठात् एक आवाज लगाई। उनकी इतनी तेज आवाज से कुछ सुग्गे व चिड़ियाएँ तो अवश्य उड़ गईं लेकिन दूसरा कोई जवाब नहीं मिला।

हम लोगों ने तब उन्हें ढूँढ़ना शुरू किया। स्मृति-स्तम्भ और स्मृति-स्तम्भ के सारे हिस्से तब हमारे लिए भूल-भूलैया बने जा रहे थे। डॉ. हाजरा को ढूँढ़ते-ढूँढ़ते फेलूदा को घास में से माचिस की एक डिब्बी उठाकर जेब में रखते देखा।

आखिर में लालमोहन बाबू ही उनको खोजने में सफल हो सके। उन्होंने हमको जोर से आवाज लगाई। उनकी आवाज सुनकर हम लोग दौड़े-दौड़े पहुँचे तो देखा कि एक आम के पेड़ की छाया के नीचे, छत्री की तरफ मुँह किए, डॉ. हाजरा जमीन पर उलटे पड़े हैं। उनके हाथ पीछे की तरफ बँधे हैं और मुँह पर भी पट्टी बँधी है। उनके मुँह से ऐसी असहाय अवस्था के कारण गों-ऽगों-ऽ की कराह निकल रही है।

फेलूदा ने तुरंत आगे बढ़कर उनके हाथ खोल दिए और मुँह पर बँधी पट्टी भी। देखने से पता चला कि जिस कपड़े से उनका हाथ व मुँह बँधे थे वह पगड़ी का कपड़ा था।

मंदार बोस बोले—'मामला क्या है मोशाय, ऐसी हालत कैसे हो गई?'

यह सौभाग्य की ही बात थी कि डॉ. हाजरा के बदन पर कहीं कोई चोट नहीं आई थी। वे मिट्टी पर उगी घास पर बैठकर थोड़ी देर हाँफते रहे। फिर बोले—'मुकुल ने कहा कि सर्किट-हाउस नहीं जाऊँगा तो फिर गाड़ी में घूमते रहे। यहाँ आए तो उसको यह जगह अच्छी लगी। कहने लगा—यह छत्री है, यह मैं जानता हूँ। मैंने पहले भी यह देखी है। यहाँ मैं उतरूँगा। उतरे।

'वह इधर-उधर घूम-फिरकर देख रहा था तो मैं एक पेड़ की छाया में खड़ा था। उसी समय पीछे से आक्रमण हुआ। वे लोग अचानक आए, झट से मेरा मुँह बंद किया, धक्का देकर जमीन पर गिराया, हाथ पीछे की तरफ बाँध दिए और फिर मुँह पर भी पट्टी बाँध दी।'

'मुकुल कहाँ है?' फेलूदा ने एकदम हड़बड़ाहट और उत्कंठा के साथ पूछा।

'मालूम नहीं। मुझे बाँधने के थोड़े ही समय बाद बाहर किसी गाड़ी की आवाज तो जरूर सुनाई दी थी।'

'उनका चेहरा देखा था आपने?' फेलूदा ने सवाल किया।

डॉ. हाजरा ने सिर हिलाया। 'लेकिन स्ट्रगल के दरम्यान तो उनके कपड़ों की ही एक झलक मिल सकी थी। स्थानीय लोगों के कपड़े ही पहने हुए थे। पैंट-शर्ट नहीं।'

'देयर ही इज!' हठात् मंदार बोस चिल्ला उठे।

हमने अवाक् होकर देखा। एक छत्री के पास से मुकुल घास चबाता-चबाता हमारी तरफ आ रहा है। डॉ. हाजरा ने एक निःश्वास छोड़कर कहा—'थैंक गॉड' और मुकुल की तरफ बढ़ गए।

'कहाँ गए थे मुकुल?'

कोई जवाब नहीं।

'अब तक तुम कहाँ थे?'

'उसके पीछे!' मुकुल ने अँगुली से एक छत्री की तरफ इशारा किया।

'वैसा घर मैंने देखा है!'

फेलूदा ने पूछा–'जो लोग आए थे, उनको तुमने देखा था?'

'कौन लोग?'

डॉ. हाजरा बोले–'उसके देखने का प्रश्न ही नहीं है। वह तो इधर-उधर देखता यहाँ से चला गया था। फिर बीकानेर में ऐसा कुछ घटेगा यह तो सोचा भी नहीं था और इसीलिए मैंने उसकी इतनी चिन्ता नहीं की।'

इसके बावजूद भी फेलूदा ने पुनः प्रश्न किया, 'तुमने उसको नहीं देखा जो डॉ. हाजरा के हाथ और मुँह बाँध गया?'

'मैं सोने का किला देखूँगा।'

तब समझ में आ गया कि मुकुल को कोई भी प्रश्न करना व्यर्थ है।

फेलूदा इतने में अचानक बोले, 'और समय वेस्ट करने (गँवाने) में लाभ नहीं है। एक तरह से मुकुल हमारे साथ भले ही हो लेकिन वास्तव में वह हमारे साथ नहीं है। यदि वे लोग जोधपुर की तरफ गए हैं और अगर पूरी स्पीड से भी गाड़ी ले गए हैं तक भी उनको अभी पकड़ लेंगे।'

दो मिनट के अंदर ही हम गाड़ी से रवाना हो गए। लालमोहन बाबू इस बार हमारे साथ आ गए थे। कह रहे थे, 'वे लोग बहुत पीते हैं। मुझसे शराब की गन्ध सहन नहीं होती है।'

पंजाबी ड्राइवर हरमित सिंह गाड़ी की स्पीड को साठ मील तक ले गया। एक जगह, रास्ते के बीच में ही कहीं एक घूघू उल्लू बैठा था। वह जब उड़ा तो सीधा हमारी गाड़ी की विंड-स्क्रीन (काँच-शीशे) से आ टकराया। मैं और मुकुल आगे की सीट पर बैठे थे। पीछे मुड़कर देखा तो पाया कि लालमोहन बाबू, फेलूदा और डॉ. हाजरा के बीच में उकड़ूँ होकर आँखें बंद करके बैठे हैं। उनका मुँह फक्क होने के बावजूद होंठों पर थोड़ी-सी हँसी देखकर लगा कि उनको किसी एडवेंचर की गंध आ रही है, जैसे उनके सामने उनकी कथा का कोई प्लॉट कौंध गया हो।

कोई सौ-एक मील आ जाने पर लगा अब उन शैतानों की गाड़ी पकड़ सकने की कोई संभावना शेष नहीं रही है। एक तो यह गाड़ी नई

नहीं है और फिर स्पीड नहीं पकड़ती, इस तरह कैसे काम चल सकता है!

जब जोधपुर पहुँचे तो शहर में बत्तियाँ जल गई थीं। फेलूदा बोले, 'लालमोहन बाबू, आपको न्यू बाम्बे लॉज में उतार दें क्या?'

वे साहब दबे स्वर में बोले, 'वह तो ठीक ही है, मेरा सारा सामान आदि भी वहीं रखा हुआ है, लेकिन सोच रहा था कि खाने-पीने के बाद अगर आप ही के यहाँ...माने...'

'हाँ, बात तो ठीक है'—फेलूदा आश्वासन के स्वर में बोले, 'पता करके देखूँगा, अगर कोई कमरा सर्किट-हाउस में खाली हुआ हो। आप नौ बजे तक एक टेलीफोन करके मालूम कर लेना।'

मैं आज की घटना की बात सोच रहा था। बहुत ही बीहड़ लोगों से पाला पड़ा था, हमारी यह बात साफ समझ में आ रही थी। यह आदमी भी क्या वही लाल कुर्तेवाला आदमी होगा? या कि वो नीले कुर्तेवाला जो आज बीकानेर गया था? पता नहीं। अभी तक कुछ भी समझ में नहीं आ पा रहा है। मुझे लगता है फेलूदा भी कुछ नहीं समझे हैं। समझ गए होते तो उनके चेहरे का भाव ही अलग होता। इतने दिन तक उनके साथ रहकर और उनका स्वभाव देखकर यह बहुत अच्छी तरह से समझ गया हूँ।

सर्किट-हाउस पहुँचकर वे अपने कमरे की तरफ गए। तीन नंबर के कमरे में ज़ाने से पहले फेलूदा डॉ. हाजरा से बोले, 'कुछ समझ में नहीं आता, यह कपड़ा अपने पास ही रखता हूँ।' डॉ. हाजरा को जिस कपड़े से वे बाँध गए थे वह फेलूदा ने अपने पास रख लिया।

हाजरा ने कहा, 'जैसा आप चाहें।' फिर फेलूदा की तरफ बढ़कर दबे स्वर में बोले, 'प्रदोष बाबू, आप तो समझ ही सकते हैं, मामला गम्भीर है। जैसे ही कहीं कोई शक हुआ वैसे ही बात गड़बड़ा जाएगी। वैसे मैंने कभी ऐसा अनुमान नहीं लगाया था कि ऐसा कुछ गोलमाल हो जाएगा।'

फेलूदा ने कहा, 'आप कैसे सोचते हैं। मैंने बताया था। आप इतने बेफिक्र होकर अपना काम नहीं चला सकते। मेरा यह पक्का विश्वास है कि आप यदि आज देवीकुंड न गए होते और सीधे सर्किट-हाउस चले आए

होते तो आपका ये बेहाल नहीं होता। हाँ, मुकुल को वे किडनेप नहीं कर सके यह अवश्य ही भाग्य की बात है। इसीलिए हम लोगों को एक साथ ही रहना चाहिए। इससे किसी दुर्घटना का खतरा काफी कम हो जाता है।'

डॉ. हाजरा के चेहरे से दुश्चिन्ता की रेखाएँ अभी भी नहीं मिटी थीं। वे बोले, 'मैं अपने लिए ऐसा नहीं सोचता हूँ। वैज्ञानिक लोग तो गवेषणा करते हुए कई तरह के खतरे मोल लेते हैं। मैं तो आप दोनों के कारण चिंतित हूँ। आप लोग तो अलबत्ता बाहर के आदमी ही हैं।'

फेलूदा थोड़े हँसकर बोले–'जानते नहीं, मैं भी एक वैज्ञानिक हूँ, मैं भी खोज करता रहता हूँ, और इसलिए ही मैं भी रिस्क ले रहा हूँ।'

मुकुल अब तक बरामदे में इस छोर से उस छोर तक टहल रहा था। डॉ. हाजरा ने अब उसे आवाज दी और हमसे गुड नाइट कहकर अन्यमनस्क भाव में अपने कमरे की तरफ चले गए। हम लोग अपने कमरे में चले आए। फेलूदा ने बेयरे से ठंडा कोका-कोला लाने को कहा तथा जेब से सिगरेट का पैकेट व लाइटर निकालकर सामने की टेबल पर रख दिया तथा सोफे पर चिन्तित अवस्था में बैठ गए। फिर दूसरी जेब से वह दियासलाई की डिब्बी निकाली जो उनको देवीकुंड में मिली थी। यह 'टक्का मार्का' दियासलाई थी। डिब्बी खाली थी। उसकी तरफ कुछ देर ताकते-ताकते बोले, 'यहाँ रेल से आते हुए जो इतने स्टेशन पड़ते हैं, वहाँ जो पान-सिगरेटवाले हैं उनमें से किसी के पास भी तुमने टक्का मार्का दियासलाई देखी है?'

मैंने सच्ची बात बताते हुए कहा, 'नहीं फेलूदा, नहीं देखी।'

फेलूदा बोले, 'पश्चिम प्रदेश की किसी भी दुकान पर टक्का दियासलाई होने का प्रश्न ही नहीं है। राजस्थान में टक्का नहीं बिकती। यह दियासलाई राजस्थान के बाहर से आई है।'

'इसका मतलब यह है कि यह लाल कुर्तेवाले आदमी की नहीं है?'

'तुम्हारा सवाल बहुत बचकाना है। पहली बात तो यह है कि केवल राजस्थानी पोशाक पहनने से कोई राजस्थानी नहीं हो जाता। यह पोशाक

कोई भी पहन सकता है। और दूसरी बात उस आदमी को छोड़कर आज तो और भी कई लोगों को देवीकुंड जाकर बदमासी करने का अवसर मिला था।'

'यह तो ठीक है, लेकिन उनमें से हमने तो किसी को देखा नहीं, फिर उनकी बात सोचने से लाभ ही क्या है?'

'यह तो कोई बात नहीं हुई। अभी तक तुमने अपना दिमाग लड़ाना नहीं सीखा। लालमोहन बाबू, मंदार और माहेश्वरी कितनी देर से किले में पहुँचे थे यह सोचके देखो, फिर जरा सोचो कि तब–'

'समझ गया, समझ गया!'

सच तो है। ये तो मेरे दिमाग में ही नहीं आया था। वे पहुँचे तब तक कोई पैंतालीस मिनट की देर हो गई थी। लालमोहन बाबू ने कहा था, गाड़ी का टायर पंचर हो गया था। हो सकता है पंचर न भी हुआ हो। और यह भी हो सकता है कि गलत ही कहते हों। और यदि वे सच ही कहते हों और अगर लालमोहन बाबू निर्दोष ही हों, मंदार बोस और माहेश्वरी तो बाजार न जाकर देवीकुंड जा ही सकते थे।

फेलूदा ने इस बार एक लंबी निःश्वास छोड़कर पॉकेट से एक और चीज बाहर निकाली। उसे देखते ही अचानक दिल उछलने लगा, इसकी बात तो इतनी देर तक याद ही नहीं आई। यह क्या उसी मंदार बोस की चिट्ठी थी!

'यह किसकी चिट्ठी है?' काँपते गले से मैंने प्रश्न किया।

'नहीं जानता', कहते हुए फेलूदा ने चिट्ठी मेरी तरफ बढ़ा दी। हाथ में लेकर देखा तो चिट्ठी अंग्रेजी में लिखी थी। केवल एक लाइन थी, बड़े अक्षरों में ऑटो पेन से लिखी हुई :

'इफ यू वेल्यू योर लाइफ–गो बैक टू कलकत्ता इमीडियेट्ली।' अर्थात् तुम्हारी जिंदगी की यदि तुम कोई कीमत समझते हो तो तुरंत कलकत्ता लौट जाओ।

चिट्ठी मेरे हाथ में काँपने लगी थी। मैंने चट् से चिट्ठी को सामने

की टेबल पर रख दिया और अपने दोनों हाथ गोद में रखकर अपने-आपको 'स्टडी' करने की चेष्टा करता रहा।

'क्या करेंगे फेलूदा?'

छत के पंखे की तरफ देखते हुए फेलूदा लगभग अपने मन में ही बोले, 'मकड़ी का जाला...ज्योमेट्री। इस समय अंधकार...कुछ देख पाना मुश्किल...धूप निकली तो जाले पर प्रकाश पड़ेगा–जगमग करने लगेगा... तब दीखेगा जाले का नक्शा! इस समय केवल प्रकाश की अपेक्षा है।

7

कल आधी रात को नींद खुल गई थी, क्या बजा था तब, यह नहीं मालूम, लेकिन देखा कि फेलूदा अपना बेड-साइड लैंप जलाकर अपनी नीली नोटबुक में कुछ लिख रहे थे। वे कितनी रात तक काम करते रहे हैं, कुछ पता नहीं, लेकिन सबेरे साढ़े छह बजे उठा तो देखा कि वे दाढ़ी आदि का काम निपटाकर तैयार थे। वे कहते हैं कि आदमी अगर अपने ब्रेन से खूब ज्यादा काम लेता रहे तो उसकी नींद अपने आप कम हो जाती है और उसके शरीर पर भी इसका कोई असर नहीं पड़ता। यह उनका पक्का विश्वास है और उनका शरीर पिछले दस बरसों में कभी एक भी बार खराब हुआ, ऐसा याद नहीं आता। मैं जानता हूँ कि वे जब जोधपुर आए तब भी उन्होंने योग-व्यायाम बंद नहीं किया है। आज शायद मेरे जगने से पहले ही वह सारा काम कर चुके हैं।

सबेरे डाइनिंग रूम में ब्रेकफास्ट करने गए तो उन लोगों को भी साथ ही देखा। लालमोहन बाबू कल रात को सर्किट-हाउस चले आए थे। वे बरामदे के पश्चिमी हिस्से में मंदार बोस के कमरे के पास तीसरे कमरे में ठहर गए थे। वे साहब आमलेट खाते-खाते बोले, उनके दिमाग में जैसे कोई चमत्कारिक प्लॉट आ गया है। डॉ. हाजरा एकदम हतोत्साह हो गए थे। कह रहे थे वे रात सो भी नहीं सके। बस केवल एक मुकुल शान्त और

निश्चिन्त लग रहा था।

मंदार बोस और डॉ. हाजरा आज पहली बार एक-दूसरे के साथ बात कर रहे थे–

'कुछ बुरा मत मानना साहब, आपने जिस बीहड़ खोज को हाथ में लिया है वहाँ ऐसे कई गोलमाल होंगे ही। जिस देश में कुसंस्कार इतने फैले हुए हैं वहाँ ऐसी बातों को अधिक कुरेदना ठीक नहीं।

'बाद में आप देखेंगे कि घर-घर में छोटे लड़के अपने आप 'जातिस्मर' होने का दावा करने लगेंगे। थोड़ी छानबीन करेंगे तो देख सकेंगे कि हकीकत में मामला कुछ नहीं है, उनके पिताओं का पब्लिसिटी प्रेम मात्र है, बस! तब आप ऐसी आफत कैसे सँभालेंगे? कितने छोकरों को साथ लेकर देश-विदेश में घूमते फिरेंगे?'

डॉ. हाजरा ने कोई जवाब नहीं दिया। लालमोहन बाबू कभी इसके और कभी उसके मुँह की ओर ताकते रहे क्योंकि 'जातिस्मर' के मामले के संबंध में उन्हें अब तक कुछ भी मालूम नहीं था।

फेलूदा ने बताया था कि ब्रेकफास्ट के बाद वे थोड़ा शहर की तरफ जाएँगे। मैं जानता था कि यह सिर्फ शहर देखने का ही कोई उद्देश्य नहीं है। पौने आठ बजे हम लोग निकल पड़े। दो नहीं–तीन लोग। लालमोहन बाबू भी हमारे साथ हो लिए थे। मैंने इस बीच दो-एक बार यह कल्पना करनी चाही कि वे महाशय ही दुश्मन हैं किन्तु प्रत्येक बार वह इतनी हास्यास्पद लगी कि उसे मन से निकाल ही देना पड़ा।

सर्किट-हाउस थोड़ी वीरान और खुली जगह में है लेकिन शहर सारा बहुत ही गिचपिच ठसा है। शहर में प्रायः सब जगह से पुरानी प्राचीर देखी जा सकती है। इन्हीं प्राचीरों के बीच स्थित हैं सारी दुकानें, ताँगों की लाइन, लोगों के घर और जाने क्या-क्या! पाँच सौ वर्ष पुराने शहर के चिह्न आज के शहर के साथ एकाकार हो गए लगते हैं।

हम लोग यह दुकान, वह दुकान देखते-देखते चल रहे हैं, फेलूदा कुछ खोज रहे हैं, लेकिन क्या खोज रहे हैं यह नहीं समझ पाया। हठात्,

लालमोहन बाबू ने पूछा, 'हाजरा किसके डॉ. हैं, बताएँगे क्या? आज फिर टेबल पर मिस्टर ट्रॉटर क्या-क्या सब बोल रहे थे...?'

फेलूदा ने बताया–'हाजरा एक पैरासाइक्लोजिस्ट है।'

'पैरासाइक्लोजिस्ट!' लालमोहन बाबू की भौंहें सिकुड़ गईं।

'साइक्लोजी के आगे भी अब यह 'पैरा' लगने लगा है, यह मैं जानता ही नहीं था। टाइफाइड के आगे लगता है यह तो मालूम था। इसका मतलब क्या–'हाफ साइक्लोजी, जैसे कि पैराटाइफाइड का मतलब हाफ टाइफाइड होता है?'

फेलूदा बोले, 'हाफ नहीं। एबनॉर्मल मनोविज्ञान वैसे ही कुछ धुँधली है और जहाँ ज्यादा धुँधला जाए तो वह मामला पैरासाइक्लोजिस्ट के अंडर में आता है।'

'और 'जातिस्मर' की बात क्या है?'

'मुकुल इज ए जातिस्मर। कम-से-कम फिलहाल वह यही कहलाता है?'

लालमोहन बाबू मुँह बाये रहे।

'आपको अपने प्लॉट के लिए कुछ खुराक मिलेगा।' फेलूदा बोले, 'यह लड़का पूर्व जन्म में एक सोने का किला देखने की बात कहता है, और यह जिस घर में रहता था उस घर में मिट्टी के नीचे कोई गुप्त धन गड़ा रखा था।'

'हम लोग क्या उसी की खोज निकालने जा रहे हैं?' लालमोहन बाबू का गला भर्रा गया।

'आप जा रहे हैं कि नहीं पर हम लोग तो जा रहे हैं।'

लालमोहन बाबू ने रास्ते में ही झट से फेलूदा का हाथ दोनों हाथों से पकड़ लिया।

'मोशाय–चांस ऑफ ए लाइफ टाइम। मुझे छोड़ करके कहीं खट् से खिसक मत जाइएगा–यही मेरी रिक्वेस्ट है।'

'इसके बाद कहाँ जाएँगे यह अभी कुछ भी तय नहीं।'

लालमोहन बाबू पता नहीं क्या सोचकर बोले, 'मिस्टर ट्रॉटर भी हमारे साथ जाएँगे क्या?'

'क्यों? आपको कोई आपत्ति है क्या?'

'आदमी पावर-फुल्ली ससपीशस है।'

रास्ते के किनारे एक जूतेवाला बैठा है, उसके चारों तरफ नागरा जूतों का ढेर लगा है। यहाँ के लोग ऐसे ही नागरा जूते पहनते हैं। फेलूदा जूतोंवाले के सामने रुके।

'पावरफुल है यह तो जानता हूँ लेकिन ससपीशस कैसे है?' फेलूदा ने पूछा।

'कल गाड़ी में जाते-जाते खूब डींग हाँक रहा था, कहता था, टाँगानीका में उसने अपनी बंदूक से लकड़बग्घा मारा था। लेकिन मैं जानता

था कि सारी अफ्रीका में कहीं भी लकड़बग्घा-जैसा जानवर नहीं है। मैंने मार्टिन जॉनसन की किताब पढ़ी थी—लेकिन ये साब मुझे ही उल्लू बना रहे थे।'

'आपने क्या कहा?'

'और क्या कहता। फट से मुँह पर तो लायर कहा नहीं जा सकता। दोनों लोगों के बीच सैंडविच बना बैठा रहा। उस आदमी का सीना देखा है। कम-से-कम पैंतालिस इंच होगा। रास्ते के दोनों तरफ भी केक्टस के झूँपे थे। कंट्रोडिक्ट करते ही गठरी बनाकर उनको उठा फेंकता और इन नो टाइम, मोशाय, गीदड़ों की बटालियन आती और हमारी दावत उड़ा जाती।'

'आपकी लाश से कितने गीदड़ों का पेट भरता, जरा बताइए तो?'

'हैं-हैं-हैं-हैं...'

फेलूदा ने इस बीच पाँवों के सैंडल खोलकर नागरा जूता पहना और चहलकदमी करने लगे। लालमोहन बाबू बोले—'वेरी पावरफुल शूज—खरीद रहे हैं क्या?'

'आप भी एक पहनकर देखिए जरा?' फेलूदा बोले।

उनके पाँव के नाप का छोटा जूता दुकान में नहीं था, इसलिए उन्होंने उन जूतों में सबसे छोटा जूता निकालकर अपने पाँव में पहना और जैसे कुछ आतंकित हो उठे हों। 'ये तो गेंडे की खाल के जूते हैं और गेंडे को छोड़कर और किसी के पाँव में सूट नहीं करेंगे। साहब?'

'तब यह समझ लीजिए कि राजस्थान में सौ में से नब्बे लोग गेंडे ही हैं।'

दोनों लोगों ने नागरा उतारकर अपने-अपने जूते पहन लिए। दुकानदार हँस रहा था। उसने समझ लिया कि शहर के बाबू लोग गरीब लोगों के जूते पहनने का सिर्फ शौक फरमा रहे हैं।

मैं आगे चल दिया। एक पान की दुकान से रेडियो पर बज रहे गाने की काफी तेज आवाज आ रही है। मुझे कलकत्ता के पूजा पंडाल की बात

याद आ गई। यहाँ तो पूजा नहीं मनाई जाती, दशहरा ही होता है। लेकिन वह तो अभी बहुत दूर है।

थोड़ी दूर आगे आने पर फेलूदा एक दुकान के सामने खड़े हो गए जहाँ पत्थर की चीजें तैयार होती हैं। दुकान का रूप-रंग अच्छा है, नाम है 'सोलंकी स्टोर्स'। बाहर काँच की खिड़की में पत्थर के बने गिलास, लोटा व कटोरा सजे रखे हैं। फेलूदा एकटक उनकी तरफ देख रहे हैं। दुकानदार ने दरवाजे पर आकर हम लोगों से भीतर चलने का अनुरोध किया।

फेलूदा खिड़की की तरफ देखकर बोले, 'यह कटोरा एक बार देख सकता हूँ क्या?'

दुकानदार ने उस खिड़की का कटोरा तो नहीं निकाला लेकिन भीतर की अलमारी से ठीक वैसा ही कटोरा निकालकर ला दिया।

पीले पत्थर का सुंदर कटोरा। पहले कभी ऐसी चीज देखी थी, याद नहीं पड़ता।

'यह क्या यहीं का बना है?' फेलूदा ने पूछा।

दुकानदार ने बताया, 'राजस्थान का ही बना है, हालाँकि जोधपुर का नहीं।'

'तब कहाँ का बना है?'

'जैसलमेर का। ऐसा पीला पत्थर वहीं पर पाया जाता है।'

'आई सी...'

जैसलमेर का नाम तो हमने शायद सुना है। यह जगह राजस्थान में ठीक किस स्थान पर है यह मुझे मालूम नहीं। फेलूदा ने वह कटोरा खरीद लिया। साढ़े नौ के लगभग ताँगे के झूलों से रोटी-अंडा सब पचाकर हम लोग सर्किट-हाउस लौट आए।

मंदार बोस बरामदे में बैठे अखबार पढ़ रहे हैं, हमारे हाथ में पैकेट देखकर बोले, 'क्या खरीद लाए?'

फेलूदा ने कहा, 'एक कटोरा। राजस्थान की एक निशानी तो रखनी होगी न।'

'आपके दोस्त तो निकल गए।'

'कौन, डॉ. हाजरा?'

'नौ बजे के लगभग उनको टैक्सी करते देखा था।'

'और मुकुल?'

'साथ ही गया है, लगता था कि पुलिस को रिपोर्ट करने गए हैं। कल की घटना से ही मस्ट बी क्वाइट शेकन।'

लालमोहन बाबू बोले–'प्लॉट में जरा चेंज करना है' और अपने कमरे में चले गए।

कमरे में जाकर फेलूदा से पूछा, 'सहसा ये कटोरा कैसे खरीद लाए?'

फेलूदा सोफे पर बैठे, पैकिट खोलकर कटोरा टेबल पर रखा और बोले, 'इसकी एक विशेषता है।'

'क्या विशेषता?'

'जीवन में सबसे पहले ऐसा एक कटोरा देखा जिसे अगर सोने के पत्थर का कटोरा कहूँ तो गलती नहीं होगी!'

इसके बाद वे कुछ भी नहीं बोले और ब्रेडशॉ के पन्ने पलटने लगे। मैं भी और क्या करता, फेलूदा तो करीब घंटे-भर तक कुछ बोलनेवाले नहीं थे और फिर अगर मैं कुछ पूछता तो उनसे उत्तर पाना संभव भी नहीं था। अतः मैं बाहर निकल आया।

लंबा बरामदा इस समय खाली है, मंदार बाबू चले गए हैं। दूर एक मेम साहिबा बैठी थीं, वे भी अब तक जा चुकी थीं। एक ढोलक की आवाज सुनाई पड़ रही है। अब उसके साथ एक गीत भी शुरू हो गया है। गेट की तरफ देखा तो भिखारी-जैसे दो आदमी–एक लड़का और लड़की गेट से होकर हमारे बरामदे की ओर आए हैं। लड़का ढोलक बजा रहा है और लड़की गाना गा रही है। मैं बरामदे में आगे बढ़ आया।

बीच की खाली जगह से होकर ऊपर की मंजिल पर जाने की इच्छा हो रही थी। शुरू से ही मैं उस सीढ़ी को देख रहा था और यह भी जानता था कि ऊपर छत है। मैं सीढ़ी पर चढ़ गया।

दूसरी मंजिल पर बीच में, चार कमरे पास-पास बने हुए हैं। इनके पूर्व व पश्चिम में दोनों तरफ खुली छतें हैं। लगता है कि इन कमरों में कोई नहीं ठहरा हुआ है। या फिर कोई होंगे भी तो अभी बाहर हैं।

पश्चिम की तरफवाली छत पर खड़े होकर देखने से जोधपुर का भव्य किला बहुत खूबसूरत लगता है।

नीचे भिखारी का गाना चल रहा है। उनकी तर्ज परिचित-सी लग रही है। कहाँ सुनी होगी तर्ज? हठात् याद आया कि मुकुल जो गीत गुनगुनाता है उसकी तर्ज इससे बहुत ज्यादा मिलती है। बार-बार एक ही तर्ज वे दोहरा रहे हैं लेकिन सुनने में वह बुरी नहीं लगती। मैं छत की नीचेवाली दीवार की तरफ चला आया। यह स्थान सर्किट-हाउस के पीछे की तरफ है।

अरे वाह, पीछे की तरफ कोई बगीचा है यह तो मैं जानता ही नहीं था! हमारे कमरे की पीछे की खिड़की से कुछ झाड़-झंखाड़ दिखते तो थे लेकिन यह नहीं सोचा था कि इधर लंबा-चौड़ा बगीचा है।

उन पेड़ों के पीछे वह नीला-नीला-सा क्या झिलमिलाता दीख रहा है? ओ हो, वह मोर है! वह पेड़ों के पीछे क्यों छिपा बैठा है, यह नहीं समझ में आ रहा है। अब उसका पूरा शरीर देखा जा सकता है। मिट्टी में से कुछ खोद-खोदकर खा रहा है। लगता है कुछ कीड़े-मकोड़े! मोर कीड़े खाता है, यह मैं जानता हूँ। अचानक याद आया कि मैंने कहीं पढ़ा था कि मोर का घोंसला ढूँढ़ पाना बहुत दूभर काम है। वह खोज-खाजकर एक अद्भुत गोपनीय स्थान पर घोंसला बनाता है।

धीरे-धीरे पर फैलाए मोर आगे बढ़ रहा है, लंबी गर्दन को मोड़कर इधर-उधर देख रहा है, शरीर के साथ-साथ उसकी पूँछ भी मुड़ रही है।

अचानक मोर रुक गया, गर्दन को दाहिनी ओर घुमाया। क्या देख रहा है मोर? या कि कोई शब्द सुन रहा है।

मोर एक तरफ हट गया था। पता नहीं क्या देखकर वह खिसकता जा रहा है।

एक आदमी। मैं जहाँ खड़ा था उसके ठीक नीचे ही, पेड़ों के बीच में से दिखाई पड़ रहा है। उसके सिर पर पगड़ी है। बहुत ज्यादा बड़ी तो नहीं–बीच की साइज की ही। बदन पर एक सफेद चादर ओढ़ रखी है। ऊपर से देखने के कारण उसका चेहरा नहीं देखा जा सकता, सिर्फ पगड़ी और कंधा। दोनों हाथ भी उसके चादर के नीचे ही हैं।

वह आदमी पाँव दबाके आगे बढ़ा। पश्चिम से पूर्व की तरफ। मैं पश्चिम की तरफवाली छत पर हूँ। पूर्व में नीचे की मंजिल पर मेरा कमरा है।

अचानक यह मन हुआ कि देखूँ ज़रा वह आदमी कहाँ जाता है।

कमरों के बीच में से दौड़कर मैं उस तरफ की छत पर गया। पीछे की दीवार से नीचे झुका।

इस बार वह आदमी मेरे ठीक नीचे है। छत की तरफ देखकर वह मुझे देख सकता था किन्तु देखा नहीं।

वह आगे बढ़ रहा है, हमारे कमरे की खिड़की की ओर। उसने अपने हाथ चादर से बाहर निकाले। कलाई के पास चमकता हुआ वह क्या है?

वह ठहर गया। मेरा गला सूखता जा रहा है। वह एक कदम और आगे बढ़ आया।

ऐं–ये क्या!

चौंककर पीछे हटा। मोर ने कर्कश आवाज में पुकार लगाई थी। उसके साथ ही साथ मैं भी जोर से चिल्लाया–

'फेलूदा!'

पगड़ीवाला आदमी लपककर जिस तरफ दौड़ा उधर ही गायब हो गया। और मैं भी दौड़-भाग करता, एक ही साँस में दौड़ता सीढ़ी से उतरकर अपने कमरे के दरवाजे के सामने आते ही फेलूदा से टकराकर भौंचक्का-सा खड़ा हो गया।

मुझे वे कमरे में खींचकर ले गए और बोले, 'क्या बात हो गई?'

'छत से एक आदमी देखा–पगड़ी पहने था–तुम्हारे कमरे की खिड़की

की तरफ आया था।'

'देखने में कैसा? कद में लंबा था?'

'पता नहीं, मैं तो ऊपर से देख रहा था–हाथ में...एक...'

'हाथ में क्या था?'

'घड़ी...'

मैंने सोचा था कि फेलूदा इस बात को हँसी में उड़ा देंगे या फिर मुझे मूर्ख और भीरु कहकर मजाक उड़ाएँगे।

लेकिन ऐसा कुछ भी न करके वे गम्भीरता से खिड़की की तरफ बढ़े और खिड़की से बाहर मुँह निकालकर इधर-उधर देखने लगे।

दरवाजे पर एक दस्तक लगी।

'कम इन।'

बेयरा कॉफ़ी लेकर आया।

'सलाम साहब!'

टेबल पर कॉफ़ी की ट्रे रखकर उसने जेब से एक चिट्ठी निकालकर फेलूदा को दी।

'मैनेजर साहब ने दिया।'

बेयरा चला गया। फेलूदा चिट्ठी पढ़कर हताश-से होकर धप्प करके सोफे पर पड़ गए।

'किसकी चिट्ठी है फेलूदा?'

'पढ़के देखो।'

डॉ. हाजरा की चिट्ठी थी। डॉ. हाजरा के लैटर पैड पर लिखी चार लाइन की छोटी-सी चिट्ठी थी यह–'मेरा विश्वास है कि मेरे लिए अब जोधपुर में रहना खतरे से खाली नहीं है। मैं एक और जगह पर जा रहा हूँ। वहाँ सफलता की थोड़ी आशा भी है। आपको और आपके भाई को किसी और व्यर्थ की विपत्ति में न फँसना पड़े, इसीलिए आपसे मिलकर नहीं जा रहा हूँ। आपकी मंगल कामना करता हूँ।

आपका–एम. हाजरा'

फेलूदा दाँत से दाँत काटते हुए बोले, 'उन्होंने भी बहुत जल्दबाजी की है।' फिर बिना कॉफ़ी खत्म किए ही सीधे रिसेप्शन काउंटर पर पहुँचे। वहाँ आज कोई नए साहब बैठे हुए हैं। फेलूदा ने उनसे पूछा, 'डॉ. हाजरा कब लौटेंगे, कुछ बता गए हैं क्या?'

'नहीं तो, वे तो सारा किराया चुका गए हैं। लौटने की बात कुछ कही नहीं।'

'कहाँ गए हैं, यह आप जानते हैं?'

'स्टेशन गए हैं, इतना ही जानता हूँ।'

फेलूदा थोड़ी देर कुछ सोचते हुए बोले, 'यहाँ से जैसलमेर तो गाड़ी जाती है ना?'

'जी हाँ, लगभग दो वर्ष हो गए हैं, यहाँ से डायरेक्ट लाइन बने हुए।'

'कितने बजे जाती है गाड़ी?'

'रात दस बजे।'

'सवेरे कोई भी गाड़ी नहीं जाती क्या?'

'जो जाती है वह केवल आधे रास्ते तक ही, पोकरण तक। वह करीब आधा घंटा पहले चली गई है। पोकरण से जैसलमेर के लिए गाड़ी की व्यवस्था तो अवश्य है लेकिन यही एक गाड़ी आगे जैसलमेर जाती है।'

'यहाँ से पोकरण तक का रास्ता कितना होगा?'

'सत्तर माईल।'

'सवेरे जोधपुर से दूसरी भी कोई गाड़ी जाती है क्या?'

वे साहब एक किताब का पन्ना उलट-पलटकर बोले, 'आठ बजे एक पैसेंजर ट्रेन है, जो बाड़मेर जाती है। नौ बजे जाती है एक रेवाड़ी पैसेंजर। देट्स ऑल।'

फेलूदा ने काउंटर पर अपने दाहिने हाथ की अँगुली से एक अजीब असह्य भाव से दस्तक दी और बोले, 'जैसलमेर तो यहाँ से लगभग दो सौ मील ही दूर होगा ना?'

'जी हाँ।'

'आपसे निवेदन करें तो आप एक टैक्सी का बंदोबस्त कर देंगे? हम यहाँ से लगभग साढ़े ग्यारह बजे तक निकल जाना चाहेंगे।'

रिसेप्शन काउंटरवाले सज्जन ने सहमति देते हुए टेलीफोन उठाया।

'कहाँ चल दिए आप लोग?'

मंदार बोस, स्नान-वान करके फिट-फाट होकर हाथ में सूटकेस लिए कमरे से निकले।

फेलूदा ने कहा, 'एक बार थार मरुभूमि को देखने की इच्छा है।'

'ओ, आपका मतलब नॉर्थ वेस्ट से है। मैं तो ईस्ट की तरफ जा रहा हूँ।'

'आप भी जा रहे हैं?'

'माई टैक्सी शुड बी हियर एनी मिनट नाउ। ज्यादा दिन एक जगह पर मन नहीं टिकता। और यदि आप लोग भी चले जाते हैं तब तो सर्किट-हाउस ही खाली हो गया लगेगा।'

काउंटरवाले सज्जन ने बात समाप्त करते हुए टेलीफोन रख दिया और बोले, 'इट इज एरेंज्ड।'

अब फेलूदा मुझसे बोले, 'देख तो, लालमोहन बाबू से मिल जाकर। उनसे कहना कि हम लोग ग्यारह के आस-पास जैसलमेर जाएँगे। यदि उनको भी हमारे साथ चलना है तो इमीजियेटली तैयार हो जाएँ।'

मैं दौड़कर दस नंबर के कमरे की तरफ गया। जैसलमेर जाने का उद्देश्य क्या है यह नहीं समझ पा रहा हूँ। फेलूदा ने बाकी स्थान छोड़कर इसी जगह को क्यों चुना? लगता है कि मरुभूमि के पास है, शायद इसीलिए। डॉ. हाजरा भी क्या जैसलमेर ही गए हैं?'

क्या यहीं हमारे संकट का अंत है याकि शुरुआत?

8

जोधपुर से पोकरण का रास्ता करीब एक सौ बीस मील लंबा है। वहाँ से जैसलमेर सत्तर मील और आगे है। सब मिलाकर लगभग 200 मील चलने में लगभग साढ़े छह से सात घंटे लग जाएँगे, ऐसा अंदाज है। हमारे ड्राइवर गुरुबचन सिंह का भी यही कहना है। काफी स्वस्थ और प्रसन्नचित्त सिक्ख ड्राइवर बीच-बीच में अपने दोनों हाथ स्टीयरिंग से उठाकर सिर के पीछे ले जाता है, और शरीर को विश्राम की मुद्रा में फैला लेता है। गाड़ी चल रही है। मगर स्टीयरिंग घुमाने का काम वह तोंद को आगे बढ़ाकर ही ले रहा है। यह काम सुनने में जितना कठिन लगता है उतना है नहीं। क्योंकि एक तो गाड़ी का यहाँ आना-जाना प्रायः नहीं के बराबर। और दूसरे करीब पाँच-छह मील का सीधा लंबा रास्ता है, यह मैंने नोट किया। रास्ते में कोई गड़बड़ नहीं हुई तो हम शाम को छह बजे के आस-पास जैसलमेर पहुँच जाएँगे।

जोधपुर से करीब दसेक मील आगे आने पर रास्ते में जो दृश्य दीखने लगे थे वैसे मैंने पहले कभी नहीं देखे थे। जोधपुर के आस-पास अनेक पहाड़ हैं, इन सब पहाड़ों के पत्थर का रंग लाल है, इन्हीं लाल पत्थरों से जोधपुर का किला बना है। थोड़ी देर बाद ही पहाड़ पीछे छूट गए। उन पहाड़ों के बदले शुरू हो गया था क्षितिज तक पसरा हुआ लहरीला मैदान।

इस जमीन में कहीं-कहीं घास उगी थी तो कहीं-कहीं लाल मिट्टी, कहीं बालू-रेत थी तो कहीं-कहीं पत्थर भी। साधारण पेड़ अब धीरे-धीरे कम होते गए थे और उनके बदले दिखाई देने लगे थे बबूल के पेड़ और सारे काँटों के पेड़—जिनका नाम मालूम नहीं और काँटों की झाड़ियाँ।

और दिखाई दे रहे हैं जंगली ऊँट। जैसे गाय-बकरी चरती-फिरती दिख जाया करती हैं वैसे ही इधर-उधर ऊँट चरते दिखाई दे रहे थे। उनमें से किसी-किसी का रंग तो दूध मिली हुई चाय-जैसा है और किसी-किसी का ब्लैक कॉफी जैसा। एक ऊँट को देखा, वह काँटों के पेड़ के पत्ते और टहनियाँ चबा रहा था। फेलूदा ने कहा, काँटों के पेड़ खाने से इनका मुँह तो अंदर से शायद कई बार कट-फट जाता होगा। किन्तु इस इलाके में तो यही इनका भोजन है। इसलिए वे इसकी परवाह नहीं करते।

जैसलमेर की कहानी फेलूदा सुना रहे थे। बारहवीं शताब्दी में यह भाटी राजपूतों की राजधानी थी। यहाँ से पश्चिम पाकिस्तान का बॉर्डर सिर्फ चौंसठ मील दूर है। दस वर्ष पहले तक तो जैसलमेर जाना बहुत मुश्किल काम था, ट्रेन तो थी ही नहीं, और रास्ता अगर कोई था तो बालू के टीलों से अटा-पटा। कुछ ऐसा कि कोई पहुँच न सके। जगह ये इतनी सूखी थी कि वर्ष-भर में अगर एक भी दिन बरसात हो जाए तो लोग सौभाग्य समझते थे। युद्ध की गाथा पूछने पर फेलूदा ने बताया कि अलाउद्दीन खिलजी ने एक बार यहाँ आक्रमण किया था।

नब्बे किलोमीटर या लगभग 56 मील चलने पर अचानक हमारी टैक्सी का टायर पंचर हो गया था और गाड़ी भूऽऽऽ की आवाज करती हुई एक तरफ आकर रुक गई थी। गुरबचन सिंह इस पर मन-ही-मन काफी गुस्सा हो गया था। वह बोला, टायर तो चेक कर लिया था और हवा आदि भी चैक कर ली थी और सच कहें तो गाड़ी भी काफी नई ही थी।

सरदारजी के साथ-साथ हम भी बाहर आ गए। टायर चेंज करना काफी मुश्किल काम है, अतः 15 मिनट की देर थी।

चपटे टायर पर नजर पड़ने के साथ ही मैं टायर पंचर होने का कारण

समझ गया।

रास्ते की सारी जगह घेरे हजारों कीलें बिखरी पड़ी हैं। इनको देखने से पता चलता है, इन्हें अभी-अभी खरीदा गया है।

हम लोग एक-दूसरे का मुँह देख रहे थे। सिंह साहब दाँत भींचकर जो कुछ बोले उसे लिखा नहीं जा सकता। फेलूदा ने कुछ नहीं कहा। सिर्फ कमर पर हाथ रखे भौंहें सिकोड़े, रास्ते की तरफ देखते हुए कुछ सोच रहे थे। लालमोहन बाबू ने जापान-एयरलांइस के एक पुराने बैग से डायरी-जैसा एक हरा नोटबुक निकालकर पेंसिल से जाने क्या लिख लिया था।

नया टायर लग गया। फेलूदा के कहने पर रास्ते से कीलें हटाकर जब हम लोग रवाना हुए तब घड़ी में पौने दो बजे थे। फेलूदा ने ड्राइवर से कहा–'रास्ते में जरा ध्यान रखकर चलाना सरदारजी, हमारे पीछे दुश्मन लगे हैं। यह आप समझ ही पा रहे हैं।'

सरदार गुरुबचन सिंह ने अपना स्पीडोमीटर साठ से घटाकर चालीस कर लिया था। इतना आहिस्ता-आहिस्ता चलने से पहुँचते-पहुँचते रात हो जाएगी। सच भी है, अगर सारे रास्ते आपको अपनी नजर सड़क पर गड़ाए रखनी पड़े तो आप घंटे में दस-पंद्रह मील से अधिक चल क्या सकते हैं।

लगभग एक सौ साठ किलोमीटर अर्थात् एक सौ मील पर सर्वनाश सामने आ खड़ा हुआ।

इस बार कीलें नहीं, पीतल के बोर्डपिन बिछे थे। अंदाजन करीब दस हजार पिन बीस-पच्चीस हाथ सड़क पर बिछी थीं। यह स्पष्ट हो गया कि टायर पंचर करनेवाला कोई रिस्क लेने को तैयार नहीं है।

और यह भी पता है कि गुरुबचन के केरियर में और कोई नया स्पेयर टायर नहीं है।

हम चारों गाड़ी से उतरे। सिंह साहब की हालत को देखकर लग रहा था कि अगर पगड़ी न होती तो वह निश्चित ही सिर खुजलाता।

फेलूदा ने कहा–'पोकरण टाउन है या गाँव है?'

'टाउन है, बाबू।'

'यहाँ से कितना दूर?'

'पच्चीस मील आगे।'

'सर्वनाश! तब अब क्या होगा?'

गुरुबचन ने हमें बताया कि इस रूट पर जो भी टैक्सी या गाड़ी आएगी वह उसकी जान-पहचान की होगी। यहाँ इंतजार करते हुए किसी दूसरे टैक्सीवाले से एक स्पेयर टायर ले लेते और फिर पोकरण चलकर पंचर ठीक कराया जा सकता था—लेकिन प्रश्न तो यह है कि वैसी टैक्सी आए कि नहीं और अगर आए भी तो कब? कब तक हम इस निर्जन प्रदेश के बीच मुँह बाये खड़े रहेंगे।

पाँच ऊँट और उनके साथ तीन लोगों का एक दल हमारे पास से होता हुआ जोधपुर की तरफ चला गया। उनका रंग काला था। उनमें से एक आदमी के चेहरे पर सफेद मगर घनी दाढ़ी थी और लंबी-लंबी जुल्फें थीं। वह हमारी तरफ देखता चल रहा था, यह मालूम होते ही लालमोहन बाबू फेलूदा से सटकर खड़े हो गए।

'सबसे नजदीक कोई रेलवे स्टेशन है?' फेलूदा ने बोर्डपिन को बटोरते हुए पूछा। हम लोग दूसरी गाड़ी की बात सोचते-सोचते भी पिन बटोरने में जुटे थे।

'सात-आठ मील आगे रामदेवरा है।'

'रामदेवरा...'

रास्ते में बोर्डपिन हटाने के बाद फेलूदा ने अपने झोले में से ब्रैडशॉ टाइम टेबल निकाल लिया। एक विशेष पन्ने को खोलकर देखते हुए बोले, 'लाभ नहीं। तीन बजकर पैंतालीस मिनट पर जोधपुर को सवेरे चलनेवाली गाड़ी रामदेवरा पहुँचती है। अतः वह गाड़ी निश्चय ही अब तक हमें छोड़कर जा चुकी है।'

मैं बोला, 'लेकिन रात को भी तो एक गाड़ी जैसलमेर जाती है?'

'हाँ, लेकिन वह तड़के तीन बजकर तिरेपन मिनट पर रामदेवरा

पहुँचती है। अभी यहाँ से पैदल रामदेवरा पहुँचने में दो घंटे लग जाएँगे। अगर यह आशा होती कि सवेरे को ट्रेन मिल जाएगी तभी चलने से लाभ होता। कम से कम पोकरण पहुँच जाते। इस मैदान के बीच में... ।'

लालमोहन बाबू इस हालत में भी हँसते हुए काँपते स्वर में बोले, 'कुछ भी कहिए साहब, ये सारी सिचुएशन तो उपन्यास में पाई जाती है। रीयल लाइफ में भी ऐसा...'

फेलूदा ने अचानक हाथ बढ़ाकर उनको बोलने से रोक दिया। चारों तरफ कोई आवाज नहीं, सारी पृथ्वी जैसे यहाँ गूँगी हो गई है, इसी निस्तब्धता के बीच सुनाई दे रही थी एक धीमी आवाज झक-झक-झक-झक-झक...

ट्रेन आ रही है। पोकरण की गाड़ी। लेकिन लाइन कहाँ है?

आवाज जिधर से आ रही थी उधर नजर गड़ाकर देखा तो धुँआ दिखाई दिया। उसके साथ ही साथ दिखाई दी टेलीग्राफ लाइन। जमीन टीबों के कारण ढलाऊ हो गई है इसलिए वे खंभे दिखाई नहीं देते। पीछे लाल मिट्टी के साथ टेलीग्राफ पोल अदृश्य हो गए हैं।

'दौड़ो!'

फेलूदा चिल्लाकर धुएँ की दिशा में दौड़ पड़े। साथ-साथ हम भी। हमारे पीछे जटायू भी। कमाल था, ये महाशय ऐसे दुबले-पतले शरीरवाले

यूँ दौड़ पड़ेंगे, ऐसा तो मैंने कभी सोचा ही नहीं था। वे मुझे पीछे छोड़कर फेलूदा के पास लपक गए थे।

पाँवों के नीचे घास थी लेकिन इस घास का रंग हरा नहीं था, रुई-जैसा सफेद रंग था। इस पर यूँ बेतहासा दौड़ते हुए ढलान से नीचे लाइन के पास पहुँचे तो देखा ट्रेन के और हमारे बीच सौ गज का फासला था।

फेलूदा ने एक भी क्षण नहीं गँवाया, लपककर लाइन के बीच खड़े हो गए और दोनों हाथ ऊपर उठाकर चिल्लाने लगे–'ऐ, ऐ, ऐ, ऐ,। ट्रेन ने इस तरफ ह्विसिल देनी शुरू कर दी–और इसी ह्विसिल को सुनकर जटायू ने चिल्लाना शुरू किया–रोक्के, हॉल्ट, हॉल्ट, रोक्के, हॉल्ट, रोक्के...!'

लेकिन उसे किसकी बात सुननी थी। ट्रेन तो हालाँकि यह छोटी थी लेकिन मार्टिन कंपनी की ट्रेन की तरह नहीं कि रास्ते में ही किसी के हाथ देने पर रुक जाए। जोर से ह्विसिल देती-देती, जरा भी अपनी स्पीड घटाए

बिना ई-ई करती हमारे सामने आ गई। फेलूदा को तब बाध्य होकर लाइन के बीच में से हटना पड़ा और वह ट्रेन घच्च-घच्च करती, फक्क-फक्क काला धुआँ निकालती, धूप को थोड़ी देर के लिए मंदा करती दूर कहीं अदृश्य हो गई। इस दुःसमय में लगा कि यह अद्‌भुत ट्रेन हॉलीवुड की 'वैस्टर्न' फिल्मोंवाली ट्रेन थी जो इस देश में कभी न देखी थी और न कभी सोचा ही था कि देखेंगे।

'इस रेंगनेवाले कीड़े का रौब देख लिया?' लालमोहन गांगुली ने फिकरा कसा।

फेलूदा बोले, 'बैड लक! ट्रेन लेट थी। लेकिन उसका लाभ हम नहीं उठा सके। पोकरण में शायद एक टैक्सी पकड़ सकते थे।'

गुरुबचन ने समझदारी की और हमारा सामान उठाकर ले आया, लेकिन इस समय उसकी जरूरत नहीं थी। लाइन की तरफ देखने पर ट्रेन के धुएँ के अतिरिक्त और कुछ दिखाई नहीं देता था।

'बट ह्वॉट अबाउट कैमल्स?' उत्तेजित होकर जटायू साहब ने पूछा।

'कैमल्स?' फेलूदा ने पूछा।

'वो हैं तो।'

सचमुच जोधपुर की तरफ से ऊँटों का एक दल आता दिखाई दिया।

'गुड आइडिया। चलो।'

फेलूदा के कहने पर फिर दौड़ पड़े।

'वो जोश में दौड़ाए जाने पर, सुना है कि ऊँट ट्वेंटी माइल पर आवर दौड़ सकता है।' चलते-चलते ही लालमोहन बाबू ने कहा।

ऊँटों के दल को रोका गया। इस बार दो आदमी थे और सात ऊँट थे। फेलूदा ने पूछा कि रामदेवरा जाना है, तीन ऊँटों का क्या लगेगा। इन लोगों की भाषा हिंदी नहीं है, यहाँ की ही किसी स्थानीय बोली में बातचीत करते हैं। हिंदी वे थोड़ी समझते हैं और टूटी-फूटी बोल लेते हैं, गुरुबचन सिंह ने हम लोगों की तरफ से बातचीत करके बात पक्की की। दस रुपए में राजी हो गए और ऊँट किराए पर दे दिए।

'दौड़ सकेगा आपका ऊँट?' लालमोहन बाबू ने पूछा। 'ट्रेन पकड़नी होगी।'

फेलूदा ने हँसकर जवाब दिया, 'पहले चढ़ो तो; फिर दौड़ने की बात।'

'चढ़े, बैठें?'

लालमोहन बाबू ने प्रथम बार ऊँट का सामना किया था। वे उसकी पीठ पर सवार होने का साहस जुटाते रहे। मैंने इस विचित्र जानवर को अच्छी प्रकार से देखा। कैसी अजीब शक्ल है लेकिन ये भी बाहर कैसे सजे-धजे हैं। फोटो में हाथी की पीठ पर जैसी झालरवाली दरी बिछी देखी थी वैसी ही इनकी पीठ पर भी है। लकड़ी की एक काठी पर बैठने का इंतजाम है और इस काठी के नीचे वह सुंदर दरी बिछी है। लाल-नीली दरी पर एक ज्यामितिक नक्शा बना है। ऊँट के गले की तरफ देखा तो वह भी एक लाल चादर से ढका है। उस लाल चादर पर कड़ियों से कसीदे का कुछ काम किया हुआ है। समझ में आया कि कितने भी बदसूरत क्यों न हों इन जानवरों को वे खूब प्यार करते हैं।

तीन ऊँट हमारे लिए मिट्टी में घुटने गड़ाकर बैठे थे। हमारे पास दो सूटकेस

थे, दो होल्डऑल और दूसरी जो छोटी-मोटी चीजें थीं वह सब गुरुबचन सिंह के पास छोड़ दी थीं। उसने कहा था कि ट्रेन मिल जाने पर हम पोकरण में उसकी प्रतीक्षा करें। वह आज रात ही वहाँ जरूर पहुँच जाएगा। दूसरा सामान हमने दूसरे दो ऊँटों पर बाँध दिया था।

फेलूदा लालमोहन बाबू से बोले, 'ऊँट के बैठने का तरीका देखा? सामने के पाँवों को पहले मोड़कर शरीर को आगे की तरफ झुकाता है और फिर पीछे के पाँव टिकाता है। लेकिन उठते समय इससे उलटा। पहले पीछे के पाँव उठाता है और फिर आगे के। इसी हिसाब को माथे में रखकर शरीर को आगे-पीछे कर लेना, तब कोई तमाशा नहीं होगा।'

'तमाशा?' जटायू का गला सूख गया।

'देखना,' फेलूदा बोले, 'पहले मैं उठता हूँ।'

फेलूदा ने ऊँट की पीठ पकड़ ली। ऊँटवालों में से एक ने मुँह से ज्यों ही एक आवाज निकाली त्यों ही ठीक वैसे ही हुआ जैसा फेलूदा ने बताया था। ऊँट वैसे टेढ़ा-मेढ़ा होता उठ खड़ा हुआ। इतना समझ में आया कि फेलूदा के साथ कोई तमाशा नहीं हुआ।

'तोप्से उठो, तुम हल्के-फुल्के आदमी हो, तुम्हारा झमेला-झंझट बहुत कम है।'

ऊँटवाला बाबू लोगों का तमाशा देखकर दाँत निकालकर हँस रहा था। मैं साहस करके ऊँट पर चढ़ बैठा और इसके साथ ही ऊँट तुरंत उठ खड़ा हुआ। अब समझ में आया कि गड़बड़ कहाँ थी। ऊँट जब पीछे के पैर खड़ा करता है तो सवारी का शरीर झटके में आगे की ओर झुक जाता है। मन-ही-मन सोचकर मैं समझ पाया कि इस तरह जब ऊँट उठे तो अपने शरीर को पीछे लेने से बैलेंस ठीक रहता है।

'जय म्याँ–'

लालमोहन बाबू कुछ कहने ही जा रहे कि ऊँट एक झटके से उठ बैठा और उनका 'माँ' म्याँ हो गया और वे एक गुलाची खा गए। फिर उलटी तरफ झटका खाते हुए 'हेंइक'-सा एक विचित्र शब्द किया और फिर परपेंडिकुलर हो पाए।

गुरुबचन सिंह से विदा लेकर हम तीनों घुमक्कड़ रामदेवरा स्टेशन की यात्रा को चल पड़े।

'आधा घंटे में अगर आठ मील चलते हैं तभी ट्रेन पकड़ सकेंगे।' फेलूदा ने ऊँटवाले से कहा। उनकी बात सुनकर ऊँटवाला उसकी पीठ पर चढ़कर थचमच करता हुआ सामने आ गया और मुँह से 'हेंई-हेंई' शब्द निकाल हाँक लगाई और ऊँटों की दौड़ शुरू हो गई।

इस अजीब जानवर के दौड़ने के साथ-साथ शरीर भी जैसे झोंके खा रहा था, और यह मुझे बहुत खराब भी नहीं लग रहा था। वह तिनकों और सूखी घास पर दौड़ता चला जा रहा था, राजस्थान का सारा अंचल वैसे कुल मिलाकर काफी रोमांचक लग रहा था।

फेलूदा मुझसे कुछ आगे निकल गये थे और लालमोहन बाबू पीछे रह गए थे। फेलूदा ने गर्दन पीछे घुमाकर आवाज लगाई :

'शिप अव् द् देजर्ट कैसा लग रहा है मिस्टर गांगुली?'

मैंने भी माथा घुमाकर लालमोहन बाबू का हाल देखना चाहा। खूब ठंड लगने पर जैसी सूरत हो जाती है–नीचे का होंठ खुला, दाँत भिंचा हुआ–गला निकला हुआ, यही हाल हो गया था लालमोहन बाबू का।

'क्यों महाशय जी?' फेलूदा ने फिर आवाज लगाई, 'कुछ बोले नहीं, क्या बात है?'

पीछे से तब पाँच इंस्टॉलमेंट में पाँच बातें आईं–

'शिप...ऑलराइट...बट...टॉकिंग...इंपासिबल।'

किसी तरह से हँसी रोककर सवारियों की तरफ ध्यान दिया। हम लोग अभी रेल लाइन के साथ-साथ चल रहे थे। एक बार लगा कि दूर किसी ट्रेन का धुआँ दिखाई दे रहा है लेकिन फिर वह कहीं लुप्त हो गया। सूर्य निकल आया था। दृश्य बदल गया था। फिर दूर कहीं पहाड़ों की शृंखला भी दिखाई दी। बाईं तरफ एक बहुत बड़ा बालू का टीबा दिखाई दे रहा था। देखने से लग रहा था कि अभी किसी आदमी के पाँवों की छाप इन पर नहीं पड़ी थी। सारी बालू पर टेढ़ी-मेढ़ी रेखाएँ खिंची थीं।

ऊँट की चाल से लग रहा था कि उसे दौड़ने का अभ्यास नहीं है। उसकी स्पीड बीच-बीच में कम हो जाती है, फिर पीछे ऊँटवाला हाँक लगाता है और यह दौड़ने लगता है।

लगभग सवा चार बजे हमें दूर लाइन के किनारे एक चौकोर मकान-सा दिखा। यह स्टेशन के सिवा और क्या हो सकता है।

और पास आने पर समझा कि हम लोगों का अंदाज ठीक था। एक सिगनल भी दिखाई दे रहा था। यह एक रेलवे स्टेशन था और निश्चय ही रामदेवरा था।

हमारे ऊँटों की दौड़ धीमी हो गई थी। लेकिन फिर हेंई, हेंई कर हाँक

देने की अब जरूरत नहीं थी, क्योंकि गाड़ी तो छूट गई थी। उसे छूटे हुए कितनी देर हो गई थी, यह तो नहीं मालूम लेकिन इसमें अब कोई संदेह नहीं था कि गाड़ी जा चुकी है।

इसका मतलब यह था कि अब हमें रात तीन बजे तक इसी निर्जन प्रांत के इस नाममात्र के रेलवे स्टेशन के प्लेटफॉर्म पर बैठे रहना है।

9

स्टेशन के नाम पर यहाँ एक प्लेटफॉर्म और एक छोटा-सा कामचलाऊ टिकटघर है। दरअसल स्टेशन बनने का काम अभी चल रहा है लेकिन कब तक पूरा हो जाएगा, यह नहीं मालूम। हम लोगों ने टिकटघर के पास ही एक जगह चुन ली और जमीन पर ही सूटकेस और होल्डऑल रख दिए और उस पर बैठ गए! यहाँ बैठने का कारण यही है कि पास ही लकड़ी के एक खंभे पर कैरोसिन का लैंप जल रहा है और इसकी रोशनी में हम कम-से-कम एक-दूसरे का चेहरा तो देख सकेंगे।

स्टेशन के पास ही एक छोटे गाँव जैसी बस्ती है। फेलूदा एक बार उधर जाकर यह पता कर आए थे कि खाने की कोई दुकान नहीं है। हम लोगों के पास खाने के नाम पर एकमात्र सहारा फ्लास्क में रखा थोड़ा-सा पानी और लालमोहन बाबू के पास एक टीन शक्करपारा बचा है। लगता है आज रात यही खाकर काम चलाना पड़ेगा। दसेक मिनट पहले सूर्य डूब गया है। थोड़ी ही देर में घना अँधेरा छा जाएगा। गुरुबचन सिंह के आने का कोई पक्का भरोसा नहीं है क्योंकि हमको आए हुए तीन घंटे हो गए और इस बीच एक भी गाड़ी नहीं गुजरी—न जोधपुर की तरफ और न जैसलमेर की तरफ। रात को तीन बजे तक इसी प्लेटफॉर्म पर बैठे रहने के अलावा और कोई उपाय नहीं दिखता था।

फेलूदा उस सूटकेस पर बैठे एकटक रेल की लाइन की तरफ देख रहे हैं। इस बीच मैंने दो-तीन बार देखा कि वे बाएँ हाथ की अँगुलियाँ चटका रहे हैं। मैं यह अच्छी तरह समझ पा रहा हूँ कि वे अपने भीतर एक खास तरह की उत्तेजना दबाए हुए हैं और इसीलिए वे ज्यादा बात भी नहीं कर रहे हैं।

डालडा के डिब्बे से एक शक्करपारा बाहर निकालकर उसका एक टुकड़ा दाँत से काटकर लालमोहन बाबू बोले, 'क्या से क्या हो जाता सा'ब! आगरा में हम लोग अगर एक डिब्बे में नहीं सीट पाते तो क्या हमारी छुट्टी का चेहरा इस तरह बदल जाता?'

'आपको क्या अफसोस हो रहा है?' फेलूदा ने पूछा।

'क्या कह रहे हैं सा'ब?' फेलूदा के प्रश्न को उन्होंने हँसकर उड़ा दिया। 'असली बात जानते हैं आप, सारे मामले को आपने यदि साफ-साफ बताया होता तो यह मजा और भी जम जाता।'

'कौन-सा मामला?'

'कुछ भी तो मैं नहीं जानता। केवल शटल कॉक की तरह इधर से टकराकर उधर जा रहा हूँ और उधर से पिटकर इधर आ रहा हूँ। यहाँ तक कि आप कौन हैं, हीरो या विलेन यह भी नहीं समझ पा रहा हूँ—हैं-हैं-हैं...।'

'होगा भी क्या जानकर?' फेलूदा मुस्कराए। 'आप जब उपन्यास लिखते हैं तो क्या आप सबकुछ पहले से ही बता देते हैं? राजस्थान के अपने इस अनुभव को भी आप एक उपन्यास क्यों नहीं समझ लेते हैं। कहानी के अंत में आप देखेंगे कि सारा रहस्य स्पष्ट हो जाएगा।'

'कहानी के अंत तक मैं बाकी बचूँगा तभी तो? जिंदा रहूँगा ना?'

'जब आप पर बन आएगी तो आप दौड़कर खरगोश को भी हरा देंगे यह मैंने खुद अपनी आँखों से देख लिया। यह क्या कम भरोसे की बात है?'

इस बीच पता नहीं कब कोई आकर कैरोसिन का लैंप जला गया था। उसी प्रकाश में हमने देखा कि राजस्थानी पोशाक में दो पगड़ीधारी

लाठी लिये ठक्-ठक् करते हमारी तरफ आ रहे हैं। वे लोग हमसे चार-पाँच हाथ दूर, जमीन पर उकड़ूँ बैठ गए और अपनी भाषा में कुछ बातचीत करने लगे, जो हम नहीं समझ सकते थे। उन लोगों की एक चीज देखकर मैं हतप्रभ हो गया। उन दोनों ने ही अपनी मूँछों को चार-पाँच बार मरोड़कर घड़ी की स्प्रिंग की तरह अपने गालों पर टिका दिया था। ऐसा लगता था कि अगर उनको खींचकर सीधा करूँ तो एक ही तरफ डेढ़ हाथ लंबी हो जाएँगी। लालमोहन बाबू की आँखें भी गड़ गई थीं।

फेलूदा ने दबे स्वर में कहा–'बैंडिट्स।'

'क्या कह रहे हैं?' लालमोहन बाबू ने फट् से फ्लास्क से पानी निकालकर पिया।

'निःसंदेह।'

अब लालमोहन बाबू जब डालडा के डिब्बे का ढक्कन बंद करने लगे तो वह खन्न से खुलकर हाथ से छिटक गया और इस आवाज से लालमोहन बाबू और भी ज्यादा नरवस हो गए।

उन लोगों के शरीर का रंग पॉलिस लगाकर ब्रुश से चमकाए गए नए जूतों का-सा चमक रहा था। उन दो में से एक आदमी ने मुँह में सिगरेट रखी और ढूँढ़-ढाँढ़कर जेब से दियासलाई की डिब्बी निकाली और जब उसे खाली पाया तो रेलवे लाइन की तरफ फेंक दिया। खच्च की आवाज सुनकर मैंने फेलूदा की तरफ देखा तो पाया कि उन्होंने अपना लाइटर जलाकर उस आदमी की तरफ बढ़ा दिया है। आदमी पहले तो अवाक् रह गया, फिर अपना मुँह बढ़ाकर सिगरेट जला ली और साथ ही फेलूदा से उनका लाइटर लेकर उसे इधर-उधर ऊपर-नीचे पलटकर देखा और फिर दबा-दबूकर जला लिया। लालमोहन बाबू मालूम नहीं क्या कहने जा रहे थे लेकिन उनके गले से आवाज ही नहीं निकली। उस आदमी ने और तीन बार जलाया-बुझाया और फिर फेलूदा को वापिस कर दिया। लालमोहन बाबू अब वह बंद डिब्बा सूटकेस में रखने में रखने जा रहे थे कि वह फिर गिर गया और पिछली बार से चौगुनी आवाज हुई। फेलूदा ने उधर कोई

ध्यान नहीं दिया और अपने झोले से अपनी नीली नोटबुक निकाल उस धीमी रोशनी में ही उसे उलट-पलटकर देखने लगे।

अचानक मैंने देखा कि टिकटघर के पीछे की झाड़ी पर कहीं से रोशनी आकर टिक गई है।

रोशनी बढ़ रही है। अब एक गाड़ी की आवाज भी सुनाई पड़ी। गाड़ी जैसलमेर की तरफ से आ रही है। चलो अच्छा हुआ। ऐसा लग रहा है कि शायद गुरुबचन सिंह की समस्या का समाधान हो जाएगा। गाड़ी छर्र से नाक के सामने से जोधपुर की ओर चली गई। मैंने घड़ी देखी तो साढ़े सात बजे थे।

फेलूदा ने नोटबुक से नजर हटाकर लालमोहन बाबू की तरफ देखा। फिर बोले, 'अच्छा लालमोहन बाबू, आप तो कहानी वगैरह लिखते हैं, बताइए जरा फफोला क्या चीज है? और यह क्यों हो जाता है?'

'फफोला? फफोला?' वे घबरा गए। 'क्यों होता है?...मतलब...यूँ समझें कि आप सिगरेट जलाने लगे तो साथ ही हाथ जल गया–'

''वह तो समझा लेकिन फफोला आखिर पड़ेगा क्यूँ?'

'क्यों? ओह...आई सी...'

'ठीक है, अब यह बताइए कि किसी आदमी को सिर के ऊपर से देखने से वह नाटा क्यों लगता है?'

लालमोहन बाबू चुपचाप मुँह बाये देखते रहे। धीमी रोशनी में हमने देखा कि वे हाथ मल रहे थे, और पास के दोनों आदमी एक ही स्वर में, एक ही तरह से गप मारे चले जा रहे थे। फेलूदा एकटक लालमोहन बाबू की ओर देख रहे थे।

लालमोहन बाबू ने जीभ से होंठ चाटते हुए कहा–'मुझे ये सब क्वेश्चन–'

'एक और प्रश्न है लालमोहन बाबू–इसका उत्तर आप जरूर जानते हैं।'

लालमोहन बाबू खामोश! फेलूदा ने जैसे उन्हें हिप्नोटाइज कर दिया हो।

'आज सवेरे आप सर्किट-हाउस में पीछे के बगीचे में मेरी खिड़की के पास क्या कर रहे थे?'

लालमोहन बाबू एक क्षण के लिए जड़वत् हो गए। उसके बाद ही वे हाथ-पैर मारकर चौं-चौं कर उठे।

'अरे भाई, आपके पास ही तो जा रहा था। आप ही के पास! इतने में एक मोर बहुत जोर से चिल्ला उठा और उसके साथ ही एक जोर की आवाज सुनाई दी–पता नहीं क्यों उस समय मैं नरवस...'

'मेरे कमरे में आने का कोई दूसरा रास्ता नहीं था क्या? और मेरे पास आने के लिए क्या सिर पर पगड़ी व शरीर पर चादर ओढ़नी पड़ती है?'

'अरे सा'ब, शरीर पर ओढ़ी चादर तो बिस्तर की चादर थी और पगड़ी सर्किट-हाउस के तौलिए की बनी थी। जो अपने को इतना भी डिसगाइज नहीं कर सकता वह उस आदमी पर जासूसी कैसे कर लेगा?'

'कौन आदमी?'

'मिस्टर ट्रॉटर! वेरी ससपीशस! इत्तफाक से ही वहाँ चला गया था। आप देखिए न, वहाँ खिड़की के बाहर घास पर क्या मिला? सीक्रेट कोड! यही तो आपको देने जा रहा था और ठीक उसी समय मोर चिल्लाने लगा और सबकुछ गड़गड़ा गया।

मैं लालमोहन बाबू की घड़ी की ओर देख रहा था। ठीक तो है, यही घड़ी तो मैंने छत से देखी थी। लालमोहन बाबू ने सूटकेस खोलकर उसके भीतर से एक सिमटा हुआ कागज का टुकड़ा निकालकर फेलूदा को दिया। उस टुकड़े को देखकर ही ऐसा लगा जैसे किसी ने मोड़-मरोड़कर फेंक दिया था और उन्होंने उसे सीधा करके सँभाल रखा था।

फेलूदा के पास जाकर कैरोसिन के लैंप की रोशनी में मैंने उसे देखा, उसमें लिखा था–

1 p 1625+u

U–M

फेलूदा भौंह सिकोड़कर बड़े गौर से कागज को देख रहे हैं। मैं इस एलजब्रा का सिर-पैर कुछ नहीं समझा जबकि लालमोहन बाबू ने दो बार फुसफुसाया–'हाईली! ससपीशस!'

फेलूदा कुछ सोच रहे हैं और मन-ही-मन कुछ बुदबुदा रहे हैं–

'सोलह सौ पच्चीस...सोलह सौ पच्चीस...सोलह सौ पच्चीस...यह नंबर रीसेंटली ही कहीं देखा है...?'

'टैक्सी का नंबर?' मैंने पूछा।

'ऊँ हूँ–सोलह सौ पच्चीस...सिक्सटीन ट्वेंटी फा...'

फेलूदा ने बात पूरी किए बिना ही झट से थैले में से ब्रैड-शॉ टाइम टेबुल निकाला। अपना मोड़ा हुआ पेज निकालकर ऊपर-नीचे तक देखते हुए एक जगह आकर ठहर गए।

'यह। सिक्सटीन ट्वेंटीफाइव एराइवल है।'

'कहाँ?' मैंने पूछा।

'पोकरण पर।'

मैं बोला, 'तब तो p पोकरण हो सकता है, पोकरण में सिक्सटीन ट्वेंटीफाइव, और बाकी?'

'बाकी...बाकी...आइ पी और फिर प्लस यू।'

'नीचे का M तो ठीक नहीं लग रहा है सा'ब।' लालमोहन बाबू ने कहा। 'M कहने से ही मर्डर लगता है।'

'रुकिए सा'ब, पहले ऊपर की लाइन का मतलब तो समझ लें।'

लालमोहन बाबू बड़बड़ाने लगे, 'मर्डर–मिस्ट्री–मेसाकर–मोंस्टर–'

फेलूदा उस कागज को सामने रखकर सोचने लगे।

लालमोहन बाबू ने शक्करपारे का डिब्बा निकालकर हमें ऑफर किया। मैंने एक ले लिया तो फेलूदा की तरफ डिब्बा बढ़ाकर कहा, 'अच्छा यह बताइए, मैं ही आपकी खिड़की के पास गया था यह आपने कैसे समझा, सर? आपने क्या मुझे देख लिया था?'

फेलूदा एक शक्करपारा उठाकर बोले, 'पगड़ी खोलने के बाद आपने

शायद बाल नहीं बनाए थे। घटना के थोड़ी देर बाद ही जब आपसे मुलाकात हुई तो आपके बाल देखकर ही मुझे संदेह हुआ।'

वे हँसकर बोले, 'माफ कीजिएगा सर, आप तो सेंट-परसेंट जासूस लग रहे हैं।'

फेलूदा ने अब एक कार्ड निकालकर लालमोहन बाबू को दिया। लालमोहन बाबू की आँखें चौंधियाँ गईं।

'ओह–प्रदोष सी. मिटर, यह क्या आपकर रीअल नाम है?'

'जी हाँ, इसमें भी कोई शक है क्या?'

'नहीं, सोच रहा था कि कैसा अजीब नाम है!

'अजीब!'

'अजीब नहीं है? देखिए ना कैसा मेल है। प्रदोष–प्रप्रोफेशनल, दोष माने क्राइम, और सी है–टू सी, मतलब देखना, मतलब इन्वेस्टीगेट करना। अर्थात्, प्रदोष सी इज इक्वल टू प्रोफेशनल क्राइम इन्वेस्टीगेटर!'

'खूब! खूब! और मिटर?'

'मिटर का मतलब थोड़ा सोचना पड़ेगा।' लालमोहन बाबू सिर खुजलाकर बोले।

'कुछ भी सोचने की जरूरत नहीं है। मैं बताए देता हूँ–टैक्सी मीटर जानते हैं ना? वही मीटर, मतलब इंडीकेटर, अतः सिर्फ इन्वेस्टीगेशन ही नहीं, इंडीकेशन भी। क्राइम की खोजबीन ही नहीं, क्रिमिनल को बाहर निकालकर उसकी तरफ साफ-साफ इशारा कर देना। आया समझ में?'

लालमोहन बाबू ने 'ब्रेवो' बोलकर ताली बजाई। लेकिन फेलूदा फिर सीरियस हो गए। एक बार फिर उस कागज को देखा, शर्ट के जेब में रखा और सिगरेट निकालते हुए बोले, 'I और U का बहुत ही सरल अर्थ हो सकता है, I का मतलब मैं और U का मतलब तुम, लेकिन प्लस U थोड़ा गड़बड़ है और दूसरी लाइन का तो कोई मतलब ही नहीं निकल रहा है। तोप्से, तुम एक काम करो, होल्डऑल बिछाकर सो जाओ। लालमोहन बाबू, आप भी। ट्रेन आने में तो अभी भी साढ़े सात घंटा बाकी है। मैं आप लोगों

को ठीक समय पर उठा दूँगा।'

फेलूदा का प्रस्ताव कोई खराब नहीं था। हमने होल्डऑल के दोनों स्ट्रेप्स खोले, बिस्तर फैलाए और लेट गए। चित्त लेटते ही आँखों के सामने खुला आकाश था, पहली बार एहसास हुआ कि जिंदगी में एक साथ इतने तारे तो कभी देखे ही नहीं थे। रेगिस्तान का आकाश क्या ज्यादा साफ होता है? हो सकता है।

आकाश देखते-देखते ही आँखें बंद हो गईं। एक बार सुनाई पड़ा, लालमोहन बाबू कह रहे थे, 'ऊँट की सवारी से जोड़ों में दर्द हो गया है।' एक बार और सुनाई दिया, 'M इज़ मर्डर'! इसके बाद कुछ याद नहीं।

फेलूदा ने झिंझोड़ा तो नींद टूटी।

'तोप्से, उठ, गाड़ी आ गई है।'

तड़ाक से होल्डऑल बाँधते-बाँधते गाड़ी की हैडलाइट दिखाई पड़ी।

10

मीटर गेज की पैसेंजर गाड़ी। डिब्बे इसलिए काफी छोटे हैं। मुसाफिर भी ज्यादा नहीं, इसलिए फर्स्ट क्लास खाली मिल जाने पर कोई आश्चर्य नहीं हुआ।

डिब्बे में अँधेरा था, इधर-उधर हाथ मार स्विच का पता किया, दबाया, लेकिन कोई लाभ नहीं हुआ। लालमोहन बाबू ने कहा, 'सभ्य शहरों में भी रेल के बल्ब गायब हो जाते हैं तो डकैतों के इलाके में तो बल्ब पा जाने की आशा करना ही गलती है।'

फेलूदा बोले, 'तुम दोनों दो तरफ की बेंचों पर सो जाओ। मैं बीच में फर्श पर दरी बिछाकर कुछ मैनेज करता हूँ, पूरे छह घंटे का समय है, मजे से लेट लगाई जा सकती है।'

लालमोहन बाबू ने एक बार एतराज किया, 'आप फ्लोर पर क्यूँ सा'ब, वहाँ मैं सो जाता हूँ!' फेलूदा ने थोड़े कड़े स्वर में कहा, 'जी नहीं, और उन महाशय ने शायद अपने जोड़ों के दर्द को याद करते हुए बिस्तर फैला दिया। गाड़ी को प्लेटफार्म छोड़े अभी एक ही मिनट हुआ था कि कोई एक हमारे डिब्बे के पायदान पर लपककर चढ़ गया। लालमोहन बाबू ने हँसकर कहा, 'अरे बाबा, डिब्बा रिजर्व है, जनाना डिब्बा है।'

अब तड़ाक से डिब्बे का दरवाजा खुल गया और एक टॉर्च की तेज

रोशनी से क्षण-भर के लिए हमारी आँखें चौंधिया गईं।

उसी रोशनी में देखा कि एक हाथ हमारी तरफ बढ़ रहा है जिसमें लोहे की नाल-जैसी कोई चीज है।

हम तीनों के हाथ ऊपर उठ गए।

'अब, उठिए तो बाबू लोग, दरवाजा खुला है। एक-एक करके बाहर निकलिए।'

यह तो मंदार बोस की आवाज थी।

'गाड़ी तो चल रही है!' काँपते स्वर में लालमोहन बाबू ने कहा।

'शट अप,' मंदार बोस गरजकर दो कदम आगे बढ़े। टॉर्च की रोशनी हम तीनों पर लगातार घूम रही है। 'उल्लू बनाते हैं! कलकत्ते की चलती ट्राम और बसों से नहीं उतरते-चढ़ते हैं? उठो, उठो...'

बात खत्म होते न होते कुछ ऐसा घटा जो जिंदगी भर नहीं भूल सकता। फेलूदा ने बिजली की फुर्ती से अपने दाएँ हाथ से दरी पकड़ी और एक झटके के साथ सड़ाक से उसे खींच लिया। इससे मंदार बोस के दोनों पैर सामने हवा में तैर गए और उनका शरीर डिब्बे की सामने की दीवार से जा टकराया। उनके हाथ का रिवॉल्वर छिटककर लालमोहन बाबू की बेंच पर आ गिरा और बाएँ हाथ की टॉर्च फर्श पर जा पड़ी।

मंदार बोस पूरी तरह फर्श पर गिरते उससे पहले ही फेलूदा लपककर खड़े हो गए और कोट की जेब से अपना रिवॉल्वर निकाल लिया।

'गेट अप!' फेलूदा मंदार बोस पर गरज पड़े।

मीटर गेज की गाड़ी तेज आवाज करती हुई, रेगिस्तान में से गुजर रही थी। लालमोहन बाबू ने इस मंदार बोस का रिवॉल्वर अपने जापानी एयरलाइन वाले बैग में रख दिया।

'उठिए, कह रहा हूँ,' फेलूदा फिर गरज पड़े।

टॉर्च फर्श पर पड़ा लुढ़क रहा था। मुझे लगा कि टॉर्च उठाकर मंदार बोस पर रोशनी फेंकनी चाहिए, नहीं तो अँधेरे का फायदा उठाकर वह फिर कोई गड़बड़ करेगा। यही सोचकर मैं टॉर्च उठाने चला और तभी सर्वनाश हो गया। और वह ऐसा सर्वनाश कि उसकी बात सोचकर रक्त जमने लगता है। मंदार बोस के शरीर का ऊपरी भाग मेरे बेंच की तरफ था। मैं जैसे ही टॉर्च लेने झुका, वे झट मुझे दबोचकर उठ खड़े हुए। इससे यह हुआ कि मैं फेलूदा और मंदार बोस के बीच पड़ गया। इस भीषण विपत्ति के बीच भी मैं उस आदमी की शैतान चाल की तारीफ किए बिना नहीं रह सका। यह भी समझ में आ गया कि फेलूदा अपने पहले राउंड में पूर्णतः सफल होने के बावजूद दूसरे राउंड में फँस गए। यह भी समझा कि इस

विकट स्थिति के लिए मैं ही जिम्मेदार हूँ।

मंदार बोस मुझे पीछे से पकड़कर सामने किए हुए खुले दरवाजे की तरफ पीछे हटने लगे। कंधे के पास मालूम नहीं क्या गड़ रहा है। समझ पाया कि मंदार बोस के हाथ का एक नाखून था। मुझे नीलू के हाथ की यंत्रणा की बात याद हो आई।

अब यह भी लगा कि हम दरवाजे के काफी करीब आ गए हैं क्योंकि बाहर से आनेवाली ठंडी हवा मेरे बाएँ कंधे पर लग रही है।

मंदार बोस एक कदम और पीछे हटे। फेलूदा रिवॉल्वर उठाए हुए हैं लेकिन कुछ भी कर नहीं पा रहे हैं। जलती हुई टॉर्च अभी भी चलती ट्रेन के झोंके में इधर-उधर लुढ़क रही थी।

अचानक पीछे से एक जबर्दस्त धक्का लगा और मैं फेलूदा के ऊपर मुँह के बल आ गिरा। उसके बाद जो आवाज सुनाई पड़ी उससे लगा कि मंदार बोस गाड़ी से छलाँग लगा चुके हैं। वे बच गए या मर गए, इसका पता लगाने का कोई उपाय नहीं था।

फेलूदा गर्दन बाहर निकालकर कुछ देर देखते रहे, फिर लौटकर रिवॉल्वर को यथास्थान रखकर अपनी सीट पर बैठते हुए बोले, 'कम-से-कम दो-एक हड्डियाँ भी अगर नहीं टूटीं तो सचमुच बहुत दुःख होगा।'

'मैंने कहा था न कि ये महाशय काफी ससपीशस आदमी हैं!' लालमोहन बाबू ने जोर से हँसकर कहा।

इस बीच मैंने फ्लास्क से थोड़ा पानी निकालकर पी लिया। दिल की धड़कन धीरे-धीरे कम हो रही है और श्वास-प्रश्वास भी स्वाभाविक होने लगी है। समय के इस थोड़े से टुकड़े में कैसी घटना घट गई उस पर इस समय भी विश्वास नहीं कर पा रहे हैं।

फेलूदा बोले, 'श्रीमान तोप्से थे, इसीलिए वह बच निकला, नहीं तो नाक पर बंदूक चढ़ाकर उसके पेट से सबकुछ बाहर निकाल लेता। अवश्य ही...'

फेलूदा रुक गए। फिर बोले, 'बहुत बड़ी विपत्ति के सामने आते ही मेरा भेजा ज्यादा काम करने लगता है। अब मैं उस संकेत का मतलब भी साफ समझ पा रहा हूँ।'

'क्या कह रहे हैं!' लालमोहन बाबू बोले। फेलूदा ने कहा, 'दरअसल खूब सरल ही है। आई का मतलब मैं, पी का पोकरण, यू के माने तुम और एम हुआ मित्तिर–प्रदोष मित्तिर।'

'और प्लस माइनस?'

'आई पी 1625+यू। अर्थात् मैं पोकरण पहुँच रहा हूँ। शाम को चार बजकर पच्चीस मिनट पर और तुम वहाँ आकर मुझसे मिलो।'

'और यू माइनस एम?'

'वह और भी सरल–तुम मित्तर को छाँट दो।'

'छाँट दो!' घबराए स्वर में लालमोहन बाबू बोले, 'इसका मतलब माइनस हुआ मर्डर?'

'मर्डर का प्रयोजन क्या है? चलती ट्रेन से रास्ते के बीच में कहीं गिर जाने से एक तो कहीं चोट लग सकती थी और फिर दूसरी ट्रेन पकड़ने के लिए 24 घंटे रुकना पड़ता और इस बीच उन लोगों का काम बन जाता। जरूरत सिर्फ हम लोगों को जैसलमेर से माइनस कर देने की थी। इसीलिए तो रास्ते में इतनी कीलें बिखेर रखी थीं। इससे जब उनका काम नहीं बना तो अब ट्रेन से उतार देने की कोशिश की।'

अब इस वक्त हठात् एक चीज की याद आई। फेलूदा से कहा, 'सिगार की बू पा रहे हैं फेलूदा?'

फेलूदा बोले, 'वह तो उस आदमी के डिब्बे में चढ़ते ही मुझे आ गई थी। सर्किट-हाउस में कोई आदमी सिगार पीता है यह तो मैं पहले ही जान गया था। मुकुल के हाथ में जो पन्नी थी वह सिगार पर ही लिपटी रहती है।'

'और उन सा'ब के एक हाथ का नाखून भी काफी बड़ा है। लगता है मेरा कंधा भी इसीलिए नीलू के हाथ की तरह छिल गया है।'

'लेकिन जो साहब इंस्ट्रेक्शन दे रहे हैं वे कौन हैं?' लालमोहन बाबू ने पूछा।

फेलूदा ने गम्भीर स्वर में कहा, 'सर्किट-हाउस में हम लोगों को अंग्रेजी में लिखी जो धमकी-भरी चिट्ठी मिली थी उसको और इस संकेत को मिलाते हैं तो एक ही आदमी की याद आती है।'

'कौन?' हम सबने एक साथ पूछा।

'डॉ. हेमांग मोहन हाजरा।'

रात-भर में कुल मिलाकर शायद तीनेक घंटा ही सोए थे। जब नींद टूटी तब बाहर सूरज चढ़ आया था। फेलूदा की ओर देखा तो वे फर्श पर उठकर मेरी ही बेंच के एक कोने पर बैठे बाहर की ओर देख रहे हैं। उनकी गोद में उनकी नीली नोटबुक और हाथ में वे दोनों चिट्ठियाँ—एक तो वह अंग्रेजी में लिखी धमकी और दूसरी डॉ. हाजरा की लिखी चिट्ठी। घड़ी में देखा, पौने सात बजे हैं। लालमोहन बाबू अभी भी मजे में सो रहे हैं। भूख बहुत जोरों से लगी है मगर शक्करपारे खाने को अब मन नहीं कर रहा है। जैसलमेर तो नौ बजे तक पहुँचेंगे। यह दो घंटे का समय तो किसी तरह भूख दबाकर ही काटना होगा।

बाहर का दृश्य भी अद्भुत है। दोनों तरफ मीलों दूर तक लहरीती रेत बिछी है—इसमें कहीं भी एक भी घर नहीं है, कोई एक भी आदमी नहीं और कोई पेड़ तक नहीं। लेकिन इसे पूरी तरह रेगिस्तान भी नहीं कहा जा सकता। क्योंकि बालू के बीच-बीच में काफी बड़े हिस्से में सूखी घास है, और कई जगह लाल मिट्टी व लाल-काले कंकड़-पत्थरोंवाली सख्त जमीन भी है। ऐसे बीहड़ और वीरान स्थान के उस पार कोई शहर बसा हुआ है, इस पर चाहते हुए भी भरोसा नहीं होता।

एक स्टेशन आ गया—जेठा चंदन। मैंने ब्रैडशॉ निकालकर देखा, इसके बाद हमीरा और फिर जैसलमेर। स्टेशन पर कोई दुकान आदि नहीं, कोई आदमी नहीं, कुली या कोई फेरीवाला नहीं। यह सब देखकर ऐसा लगता है कि यह गाड़ी पृथ्वी की किसी अनजान जगह पर आकर रुक गई

है—जैसे रॉकेट चाँद पर जा टिका था।

गाड़ी छूटने के कोई मिनट-भर बाद ही लालमोहन बाबू की नींद टूटी और एक लंबी उबासी खाते हुए बोले, 'एक बड़ा फैंटेस्टिक स्वप्न देखा है साहब। डाकुओं का एक दल, उनकी मूँछें भेड़ों के सींग की तरह बल खाई हुई, उनको हिप्नोटाइज किए हुए मैं एक किले के भीतर लिए चला जा रहा हूँ। किले में एक सुरंग है, सुरंग से होकर एक तहखाने में जा रहे हैं जहाँ पर कोई खजाना छुपा है। लेकिन जब तहखाने में पहुँचते हैं तो देखते हैं कि एक ऊँट वहाँ फर्श पर बैठा हुआ शक्करपारे खा रहा है।'

'शक्करपारे खा रहा था, यह कैसे जाना आपने?' फेलूदा ने पूछा, 'क्या उसने मुँह खोलकर दिखाया था आपको?'

'अरे नहीं साहब—मैंने स्पष्ट देखा कि मेरा डालडा का डिब्बा उसके सामने खुला पड़ा है।'

हमीरा स्टेशन पार होते ही थोड़ी देर बाद कुछ दूरी पर एक पहाड़ नजर आया। यह वही राजस्थानी चपटा टेबल माउंटेन था। हमारी गाड़ी भी उसी चपटे पहाड़ की ओर जा रही हैं।

आठ बजे के लगभग मालूम पड़ा कि पहाड़ के ऊपर कुछ है। धीरे-धीरे समझ में आया कि वह एक किला है। समूचे पहाड़ पर मुकुट की तरह टिका हुआ है यह किला और उस पर सीधी सूरज की झकझक करती हुई तेज धूप पड़ रही है। मेरे मुँह से अपने-आप एक आवाज निकल पड़ी—

'सोने का किला!'

फेलूदा बोले, 'ठीक कह रहे हो—यही राजस्थान का एकमात्र सोने का किला है। कटोरा देखते ही थोड़ा शक हुआ था। लेकिन गाइडबुक देखने पर कन्फर्म हो गया। कटोरा जिस पत्थर का बना है, किला भी उसी पत्थर से बना है—ये लो सैंड-स्टोन। मुकुल यदि सचमुच ही जातिस्मर है और पूर्व जन्म की बात भी यदि सही है तब तो मुझे लगता है कि वह सचमुच यहीं पर जन्मा था।'

'लेकिन डॉ. हाजरा क्या यह जानते हैं?' मैं बोला।

फेलूदा ने इस बात का कोई उत्तर नहीं दिया और बोले, 'देखो तोप्से–कितना अद्भुत है यह सुनहरा प्रकाश, इस प्रकाश में मकड़ी के जाल से बुना वह नक्शा भी स्पष्ट दिखाई दे रहा है।'

11

जैसलमेर स्टेशन पर उतरकर पहला काम यह किया कि एक खाने की दुकान पर जाकर चाय पी और एक नई तरह की मिठाई खाकर भूख मिटाई। फेलूदा ने कहा कि मिठाई की जरूरत है—इसमें ग्लूकोज रहता है—आगे भी बहुत मेहनत करनी है—ग्लूकोज एनर्जी देता है।

स्टेशन के बाहर आकर देखा, गाड़ी-वाड़ी मिलने की यहाँ कोई गुंजाइश ही नहीं थी। एक जीप खड़ी है लेकिन वह किराए की नहीं है—यह देखते ही स्पष्ट हो जाता है। ताँगा, इक्का, साइकिल, रिक्शा, टैक्सी कुछ भी नहीं है। हम लोग जब ट्रेन से उतरे थे तो एक काली एंबेसडर खड़ी थी। अब वह गाड़ी भी नहीं है। फेलूदा ने कहा, 'शहर काफी छोटा है यह इससे ही समझ में आ रहा है। एक स्थान से दूसरे स्थान के बीच की दूरी ज्यादा नहीं होगी। यहाँ एक डाक-बँगला है, यह गाइडबुक में लिखा है। आओ, फिलहाल उसे खोज निकालें।'

सभी ने अपना सामान उठाया और स्टेशन से बाहर निकल आए। पास ही एक पेट्रोल पंप पर एक आदमी से पूछा तो उसने रास्ता बता दिया। इससे यह भी स्पष्ट हो गया कि डाक-बँगले तक पहुँचने के लिए किसी पहाड़ पर नहीं चलना पड़ेगा। वह पहाड़ के दक्षिण में जो सपाट मैदान है, वहीं बना है। पैदल चलते समय बालू-रेत पर टायर का निशान

देखकर फेलूदा बोले, 'एंबेसडर गाड़ी भी इसी रास्ते से गई लगती है।'

कोई पंद्रह मिनट चलने पर एक इकमंजिले मकान के सामने लकड़ी की एक तखती पर लिखा देखकर मालूम हुआ कि यही डाक-बँगला है। वह काली एंबेसडर भी डाक-बँगले के सामने ही खड़ी है।

शायद हम लोगों को देखकर ही, एक खाकी शर्ट, छोटी धोती पहने और पगड़ी लपेटे एक बूढ़ा आदमी आउट-हाउस से निकलकर हमारी तरफ बढ़ आया। फेलूदा ने उससे हिंदी में पूछा कि क्या वह चौकीदार है। उस आदमी ने सिर हिलाकर 'हाँ' कहा। उसकी आँखों से यह मालूम हुआ कि हमारा वहाँ यूँ आना उसे काफी अप्रत्याशित लगा और इसे वह कुछ संदेह की नजर से देख रहा है क्योंकि बिना पूर्व इजाजत के डाक-बँगले में नहीं ठहर सकते, यह मैं जानता हूँ।

फेलूदा ने डाक-बँगले में ठहरने के संबंध में कोई सवाल ही नहीं किया। उन्होंने सिर्फ यही कहा कि फिलहाल हम सामान रखकर चले जाते हैं। लौटकर इजाजत का बंदोबस्त करेंगे। चौकीदार ने बताया कि उसके लिए हमें राजा के सेक्रेटरी के पास जाना होगा। राज-निवास कहाँ है यह भी उसने हाथ से इशारा करके बता दिया। दूर पेड़ों के बीच में से एक पीले पत्थर के पैलेस के कुछ हिस्से दिखाई दे रहे हैं।

चौकीदार ने सामान रखने में कोई आपत्ति नहीं की, क्योंकि इस बीच फेलूदा ने उसके हाथ में दो रुपए का एक नया नोट पकड़ा दिया था।

एक कमरे में सूटकेस व दूसरा सामान रखकर फ्लास्क में पानी भरा, उसे कंधे पर लटका लिया और चौकीदार से किले में पहुँचने का रास्ता पूछा।

'यू वांट टु गो टु द् फोर्ट?'

यह प्रश्न बरामदे के उस किनारे से आया था। एक सज्जन उधर के एक कमरे में से अभी-अभी बाहर निकले हैं। साफ रंग, उम्र चालीस से अधिक नहीं और तीखे नाक के नीचे काफी बारीकी से तराशी गई मूँछें और अब उनसे कुछ ज्यादा उम्र के साहब उन्हीं के कमरे में से आकर उनके

पास खड़े हो गए हैं। उनके एक हाथ में एक वैसी ही लाठी है जैसी हमने जोधपुर के बाजार में देखी थी। बदन पर एक ढीला-ढाला काला सूट पहन रखा है। ये दोनों लोग किस प्रांत के हैं यह नहीं मालूम। ठीक से देखा, तो पता चला कि उनमें से दूसरे साहब लँगड़ा रहे हैं और इसलिए उनको लाठी की जरूरत है।

फेलूदा ने कहा, 'एक बार किला देख लेते तो अच्छा रहता।'

'कम अलांग विद् अस—वी आर गोइंग देट वे।'

फेलूदा क्षण-भर के लिए न मालूम क्या सोचकर उनके संग जाने को राजी हो गए।

'थैंक्यू वेरी मच! दैट इज वेरी काइंड अव् यू!'

हम लोग मोटर की तरफ जाने लगे तो लालमोहन बाबू ने फुसफुस करते हुए कान में कहा, 'कहीं ये लोग भी चलती मोटर से उतार तो नहीं देंगे।'

गाड़ी किले की तरफ बढ़ी। लाठीवाले साहब ने पूछा,'आर यू फ्रॉम केलकटा?'

फेलूदा ने कहा, 'हाँ।'

बाईं तरफ बालू के टीलों के उस पार दूर देवीकुंड के जैसे ही कुछ स्मृति-स्तम्भ दीख रहे थे। फेलूदा ने कहा कि ऐसी छतरियाँ राजस्थान के सभी शहरों में देखने को मिल जाएँगी।

हमारी गाड़ी धीरे-धीरे घाटी पर चढ़ने लगी। चढ़ाई शुरू होने के कोई एक-दो मिनट बाद ही पीछे से एक दूसरी गाड़ी की आवाज सुनाई पड़ी। वह गाड़ी लगातार हॉर्न देती चली आ रही थी। इसका मतलब कोई यह नहीं था कि हम लोग बहुत धीमे चल रहे थे, और जैसे कोई रास्ते रोके खड़े थे। तब फिर वे भला बार-बार क्यों हॉर्न देते चले जा रहे थे?

फेलूदा उन दोनों सज्जनों के साथ पीछे बैठे थे। उन्होंने यकायक गर्दन घुमाकर पीछे देखा और हमारे ड्राइवर से बोले, 'रोक्के...रोक्के।'

हमने गाड़ी एक तरफ रोकी तो हमारी दाहिनी तरफ एक टैक्सी

आकर रुकी और उसकी स्टीयरिंग पर बैठे गुरुबचन सिंह ने हँसकर सलाम बोला।

हम तीनों लोग नीचे उतर गए और फेलूदा ने अंग्रेजी में उन लोगों को बहुत-बहुत धन्यवाद दिया और कहा कि हमारी टैक्सी रास्ते में खराब हो गई थी, वह आ गई है।

गुरुबचन ने बताया कि सवेरे साढ़े छह बजे एक परिचित टैक्सी जैसलमेर से आ रही थी–उसी से स्पेयर माँग लिया। बता रहा था कि वह दो घंटे में कोई नब्बे मील तय कर आया है और यहाँ आकर पेट्रोल पंप पर खड़ा हो गया था और हमारी काली एंबेसडर देखते ही पीछे-पीछे चला आ रहा है।

और थोड़ी दूर चलते ही हम लोग एक बाजार के बीच पहुँच गए हैं। चारों तरफ दुकानें खचाखच खड़ी हैं, लाउडस्पीकर पर हिंदी फिल्म का गाना चल रहा है और एक छोटे से सिनेमाघर के बाहर हिंदी की फिल्म का इश्तिहार लगा है।

'आप किला देखना माँगता?' गुरुबचन सिंह ने पूछा। फेलूदा के 'हाँ' बोलते ही उसने टैक्सी रोक दी। 'ये है किले का गेट।'

दाईं तरफ मुड़कर देखा तो एक विराट फाटक दिखाई पड़ा–और तब पत्थरों की बनी एक सड़क की चढ़ाई एक दूसरे फाटक तक पहुँचती दिखी। यह देखकर समझ में आया कि यह बाहर का फाटक है और दूसरा भीतर का असली गेट। दूसरे गेट के पीछे जो चढ़ाई उठती दिखी थी उसी पर खड़ा है जैसलमेर का सोने का किला।

गेट के बाहर एक आदमी खड़ा है। उसे देखकर लगता है वह संतरी है। फेलूदा ने उसी से पूछा कि सबेरे कोई बंगाली लोग एक लड़के के साथ किला देखने आए थे क्या? फेलूदा ने हाथ ऊँचा करके मुकुल के कद का अंदाज बताया।

'आए तो थे लेकिन अब नहीं हैं, चले गए हैं।'

''कब गए?'

'कोई आध घंटा हो गया।'

'क्या गाड़ी में आए थे?'

'हाँ–एक टैक्सी थी।'

'किस तरफ गए हैं, बता सकेंगे क्या?'

संतरी ने पश्चिम की तरफ का रास्ता दिखा दिया। हम उसी रास्ते पर इधर-उधर से होते दुकानों के बीच में से गुजरते चलते जा रहे थे। लालमोहन बाबू गुरुबचन के साथ आगे बैठे हैं और मैं तथा फेलूदा पीछे की तरफ। कुछ ही चलने पर फेलूदा ने अचानक पूछा, 'आप अपना अस्त्र तो साथ नहीं लाए हैं?'

लालमोहन बाबू अचानक ऐसा प्रश्न सुनकर चौंककर बोले, 'भोपाली? मतलब ये-वो-जो आपका...भोपाली?'

'हाँ, आपका नेपाली खुकरी।'

'वह तो सूटकेस में है सर।'

'तब ऐसा कीजिए कि आपका जापानी एयरलाइन वाला बैग है, उसमें से मंदार बोस का रिवॉल्वर निकालिए और पैंट की वेस्ट में खोंस दीजिए–ऐसे कि वह बाहर से न समझ में आए।'

लालमोहन के इधर-उधर हिलने-डुलने से लगा कि वे फेलूदा का आदेश-पालन कर रहे हैं। इस समय उनकी शक्ल देखने की इच्छा हो रही थी।

'कुछ नहीं,' फेलूदा ने कहा, 'कुछ गड़बड़-सड़बड़ लगे तो सिर्फ उसे बाहर निकालकर सामने की तरफ तानकर खड़े हो जाइएगा।'

'और पी...पीछे से अगर कोई...'

'पीछे से कुछ होता देखें तो आप खुद पीछे घूम जाइएगा। तब वह आपके सामने हो जाएगा।'

'और आप? आप क्या आज...मतलब...नॉन-वायलेंट?'

'वह तो जरूरत के हिसाब से होगा।'

टैक्सी बाजार छोड़कर एक खुली जगह में आ गई। हम लोग इस

बीच और कुछ लोगों से पूछकर मालूम करा चुके थे कि दूसरी टैक्सी किस तरफ गई है। साथ-साथ ही हम बालू पर टायर के निशान देखते चल रहे थे जिससे यह निश्चित था कि हम हेमांग हाजरा के पीछे ही चल रहे हैं।

गुरुबचन सिंह ने कहा, 'ये है मोहनगढ़ जाने का रास्ता। एक मील और जा सकते हैं, उसके बाद रास्ता बहुत खराब है। जीप छोड़कर दूसरी गाड़ी नहीं जाती।'

एक मील भी जाना नहीं पड़ा। कुछ ही दूर गए तो देखा कि सड़क पर एक तरफ एक टैक्सी खड़ी है। रास्ते की दाईं तरफ थोड़ी दूर तक एक साथ छतविहीन बहुत सारे उजड़े छोटे मकानों की दीवारें घोंसलों की तरह खड़ी थीं। मकान सारे पत्थर के बने थे लेकिन अब केवल खँडहर शेष रह गए थे। लगता था कि यह कोई पुराना गाँव है। जैसा यह गाँव था ऐसे ही दो-एक गाँव मैंने पहले भी देखे हैं। इन सब गाँवों से लोग-बाग तो बहुत पहले चले गए थे, इनकी दीवारें पत्थर की बनी हैं, इसीलिए अब तक खड़ी हैं।

गुरुबचन सिंह को वहीं ठहरने को कहकर हम लोग उन मकानों की तरफ चल दिए। सरदारजी तभी दूसरी टैक्सी की तरफ चल दिए–शायद अपने बिरादरी-भाई से गप्प करने के लिए।

चारों तरफ डरावनी-सी वीरानी और खामोशी है और पीछे की ओर देखने पर दूर पहाड़ पर जैसलमेर का किला खड़ा है। रास्ते के उस पार पहाड़ की चढ़ाई शुरू हो गई है। उस घाटी के तले नीचे की तरफ सिलबट्टे की तरह पीले पत्थर एक कतार में खड़े हैं। फेलूदा ने कान में फुसफुसाया, 'योद्धाओं की कब्रें हैं।'

लालमोहन बाबू दबी आवाज में पतले स्वर में बोले, 'मुझे तो, भाई, लो ब्लप्रेशर है।'

'कुछ सोचिए नहीं,' फेलूदा ने कहा। 'देखते-देखते अभी हाई होकर जैसा आप चाहते हैं वैसा हो जाएगा।'

हम उन मकानों के करीब पहुँच गए हैं। सभी मकानों के बीच एक

सीधा रास्ता निकल जाता है। ठीक से देखने से लगता है कि यह गाँव बंगाल के गाँवों की तरह नहीं बसा है। इसका एक निश्चित ज्योमेट्रिकल प्लान है।

लेकिन टैक्सी के यात्री लोग कहाँ हैं? मुकुल कहाँ है? डॉ. हेमांग हाजरा कहाँ हैं?

मुकुल को कुछ हो तो नहीं गया?

यह ख्याल आते ही कानों में एक आवाज आई। आवाज अभी भी

काफी धीमी थी लेकिन कान दें तो सुनी जा सकती है। 'खट-खट-खट...'

पूरी सावधानी से बिना कोई आवाज किए मैं दो-चार कदम आगे बढ़ा तो एक चौराहे पर आ गया। हम लोग अभी दो रास्तों के बीच खड़े हैं। आवाज दाहिनी तरफ से आ रही है। रास्ते के दोनों ओर दस-बारह मकानों की कतार खड़ी है। उनकी दीवारें सिर्फ दरवाजों के खाँचे के साथ खड़ी हैं।

हम लोग दाहिनी तरफ के रास्ते पर दबे पाँवों से आगे बढ़ने लगे।

फेलूदा ने दाँतों के बीच से एक अस्फुट आवाज निकालते हुए कहा, 'रिवॉल्वर–' और इसके साथ ही उनका अपना हाथ भी कोट में चला गया। टेढ़ी नजर से देखा तो मालूम हुआ कि लालमोहन बाबू के हाथ में भी रिवॉल्वर आ गया है लेकिन उनका हाथ बुरी तरह से काँप रहा है।

यकायक खच-पच की एक आवाज सुनते ही चौंककर हम लोग थम गए और इसके तुरंत बाद देखा, बाईं दीवार के बीच से मुकुल दौड़ता हुआ बाहर आया है, और अब हम लोगों को देखकर तो वह और भी तेज दौड़ता हुआ आया और फेलूदा से लिपट गया। वह हाँफ रहा था और उसका चेहरा डर से फक्क हो गया था।

मैं पूछने ही वाला था कि क्या हो गया लेकिन फेलूदा ने होंठ पर अँगुली रखकर मुझे चुप कर दिया।

फुसफुसाकर कहा, 'थोड़ी देर इसे सँभालो!' और मुकुल को लालमोहन बाबू के जिम्मे सौंपते हुए वे उधर ही चले गए जहाँ से मुकुल निकलकर आया था। मैं भी उनके पीछे चल दिया।

आगे बढ़ते रहे तो आवाज भी बढ़ती गई। ऐसा लगा कि कोई पत्थर हिला-डुला रहा है–'खट-खट-खट-खट।'

मकान के पास पहुँचे तो फेलूदा दीवार से सट गए।

तीन कदम आगे बढ़ते ही दरवाजे के खाँचे से हाजरा दिखाई दिए। उस कमरे में देखा तो वे हमारी तरफ पीठ किए पागल की तरह पत्थरों के एक टीले में से एक-एक पत्थर निकालकर एक तरफ रख रहे थे। हम

लोग दरवाजे के पास खड़े होकर उनको देख रहे हैं, इसका उन्हें कोई होश नहीं था।

फेलूदा हाथ में रिवॉल्वर लिए हुए डॉ. हाजरा की तरफ एक कदम और आगे बढ़े।

अचानक ऊपर से एक 'फड़फड़ाहट' की आवाज आई।

एक मोर देहरी के ऊपर से नीचे कूद पड़ा।

जमीन पर पहुँचते ही मोर तीर की तरह आगे बढ़ा और उकड़ूँ बैठे डॉ. हाजरा के बाएँ कान पर उसने जबर्दस्त झपट्टा मारा। चोट से चिल्लाकर झट-से उन्होंने अपना बायाँ कान पकड़ लिया और इसके साथ ही उनके सफेद कमीज की आस्तीन खून से लाल हो गई।

मोर अब भी झपट्टे मारता चला जा रहा था और डॉ. हाजरा बचकर

उस कमरे से बाहर भाग जाना चाहते थे। वे जैसे ही लपककर दौड़े तो हम लोग दरवाजा छोड़कर एक तरफ हो गए लेकिन हमें देखते ही वे ऐसे चौंके जैसे भूत को देखकर कोई चौंकता है। मोर ने उनको मारते-मारते बाहर निकाल दिया।

'छुपे खजाने पर मोर का अड्डा होगा और वहाँ उसके अंडे होंगे, यह शायद आप सोच नहीं पाए थे—यही ना?' फेलूदा के स्वर में लोहे-सी सख़्ती आ गई और उनका रिवॉल्वर डॉ. हाजरा की तरफ तन गया था। यह समझ में आ रहा था कि डॉ. हाजरा ही बदमाश है और इसकी सजा का चमत्कार भी उन्होंने देख लिया, लेकिन बाकी सबकुछ अभी तक इतना अस्पष्ट था कि सिर चकरा जाता है।

एक गाड़ी की आवाज सुनाई पड़ी। डॉ. हाजरा अभी भी जमीन पर उकड़ूँ पड़े हैं। उनकी गर्दन धीरे-धीरे फेलूदा की तरफ मुड़ गई और अपने बाएँ हाथ से वे खून से सने रूमाल से कान को दबाए हैं।

फेलूदा बोले—'और कोई आशा अब नहीं बची है। जानते हैं, दोनों तरफ के रास्ते अब बंद हो गए हैं।'

फेलूदा की बात पूरी होने से पहले ही डॉ. हाजरा उठकर पागल की तरह उलटी दिशा में दौड़ पड़े। फेलूदा ने रिवॉल्वर नीचे कर लिया। भाग निकलने का सचमुच ही कोई रास्ता नहीं था। उल्टी तरफ जहाँ वे दौड़े हैं उसी तरफ से हमारे दो परिचित चले आ रहे हैं जिनके हाथ में लाठी नहीं है। उन्होंने लपककर क्रिकेट के बॉल की तरह डॉ. हाजरा को बगल में दबा लिया।

लाठीवाले साहब अब फेलूदा की तरफ आ गए हैं। फेलूदा ने बाएँ हाथ में रिवॉल्वर ले लिया और दायाँ हाथ उन साहब की तरफ बढ़ाकर बोले 'आइए डॉ. हाजरा!'

'ऐं—यही डॉ. हाजरा हैं?'

वे साहब फेलूदा से हाथ मिलाकर बोले, 'आप ही शायद प्रदोष मित्तिर हैं?'

'जी हाँ, यह नागरा जूता पहनने से आपके पाँव में जो फफोले पड़ गए थे वे शायद अभी तक ठीक नहीं हुए हैं।'

असली डॉ. हाजरा हँसकर बोले, 'परसों सुधीर बाबू को ट्रंककॉल किया था। उन्होंने ही बताया कि आप यहाँ आए हैं और जो हुलिया उन्होंने बताया उससे आपको पहचान पाने में कोई असुविधा नहीं हुई। आइए, आपसे परिचय कराऊँ—ये हैं इंस्पेक्टर राठौड़।'

'और वो?' फेलूदा ने हथकड़ी पहने, मोर की चोट खाए, सिर झुकाए खड़े उन साहब की तरफ इशारा किया। 'ये शायद भवानंद हैं।'

'यस्,' डॉ. हाजरा बोले। 'उर्फ अमियनाथ बर्मन, उर्फ द् ग्रेट बारमन—विजर्ड ऑफ द ईस्ट।'

12

भवानंद अब राजस्थानी पुलिस की हिरासत में है। उस पर डॉ. हेमांग हाजरा की हत्या करने की कोशिश, उनकी चीजें चुरा लेने और नकली हेमांग हाजरा बन बैठने आदि के आरोप हैं। मैं डाक-बँगले के बरामदे में बैठा ऊँटनी के दूध की कॉफ़ी पी रहा हूँ। मुकुल सामने बगीचे में बहुत आनन्द के साथ खेल रहा है क्योंकि वह जानता है कि आज ही वह कलकत्ता के लिए रवाना होगा। सोने का किला देख लेने के बाद उसका और अधिक राजस्थान में रुकने का मन नहीं है।

फेलूदा असली डॉ. हाजरा की तरफ मुड़कर बोले, 'भवानंद शिकागो में क्या वास्तव में कपट कर रहा था? अखबारों में छपी खबरें क्या सही थीं?'

हाजरा बोले, 'सोलह आने सच्ची। भवानंद और इसके सहयोगी ने कितने देशों में कितनी बदमासी की है, इसकी कोई सीमा नहीं है। इसके बावजूद शिकागो में इसके और कई किस्से हैं। अपने पाखंड के साथ मुझे भी मुफ्त में बदनाम कर रहा था। इसलिए मेरे काम में भी कई सारी मुश्किलें आ रही थीं। इससे परेशान होकर ही आखिर एक कड़ा कदम उठाना पड़ा। लेकिन यह तो चार साल पहले की बात है। वे लोग कब भारत लौटे हैं यह मालूम नहीं। मैं तो सिर्फ तीन महीने पहले लौटा हूँ।

सुधीर बाबू की दुकान में गया था और वहाँ उनके लड़के की बात सुनी तो मैं उसे देखने गया। उसके बाद की बात तो आप जानते ही हैं। मैंने जब मुकुल को लेकर राजस्थान चलने की बात तय की तब मैं यह नहीं सोच पाया था कि मेरे पीछे कोई आदमी लग जाएँगे।'

'एक ही पत्थर से दो शिकार कौन नहीं करना चाहेगा।' फेलूदा ने कहा।

'एक तो छुपे खजाने की आशा और दूसरा आपसे बदला निकालना... अच्छा, कलकत्ता में इन लोगों से आपकी मुलाकात नहीं हुई?'

'बिलकुल नहीं। पहली मुलाकात बाँदीकूई स्टेशन के रिफ्रेशमेंट रूम में ही हुई। यदि मैं आगरा में एक दिन रुकता तो ट्रेन में इन लोगों से मुलाकात नहीं होती। उन लोगों ने खुद आकर मुझसे बातचीत शुरू की।'

'आप पहचान नहीं पाए?'

'कैसे पहचानता, शिकागो में तो ये साहब दाढ़ी-मूँछवाले महर्षि महेश बने फिरते थे।'

'उसके बाद?'

'उसके बाद हम लोगों के साथ एक टेबल पर खाना खाया, जादू दिखाकर मुकुल के साथ दोस्ती गाँठी, फिर हमारे साथ ही हमारे ही डिब्बे में आ चढ़े। किसनगढ़ में उतरकर मुकुल को किला दिखाएँगे यह पहले ही तय हो चुका था लेकिन ये लोग भी उतरकर साथ हो लेंगे यह नहीं समझा था। मैं किले में पहुँचा तो ये लोग भी पहुँचे। यह पूरी तरह से निर्जन स्थान था और ये चोर की तरह आए, छुपे-छुपे मौके की ताक में रहे, मौका मिला और पहाड़ के ऊपर से मुझे नीचे धकेल दिया। लुढ़कता-लुढ़कता कोई सौ फीट नीचे गया और एक झाड़ी में अटककर बच गया। कपड़े उतारकर दिखाऊँ तो देखेंगे कि सारा शरीर छिल गया है। जो भी हो, उसी झाड़ी के पास मैं करीब घंटे-भर तक बैठा रहा। मैं उन लोगों को यह महसूस करा देना चाहता था कि अब विपत्ति टली ताकि वे बेफिक्र होकर मुकुल को लेकर खिसक जाएँ। जब तक स्टेशन पहुँचा तब तक आनेवाली मारवाड़

की ट्रेन जा चुकी थी। उसी में मुकुल भी चला गया, मेरा सारा बोरी-बिस्तर भी और वे दो धुरंधर भी गए। इससे वे मेरा यह रास्ता भी बंद कर गए कि मैं लोगों को सही परिचय दे सकूँ।'

'मुकुल को उन लोगों के साथ जाने में कोई एतराज नहीं हुआ?'

डॉ. हाजरा हँस पड़े, अब तक मुकुल को नहीं पहचाना आपने? अपने माँ-बाप के साथ ही जब उसका लगाव नहीं है तो दो अनजान लोगों के साथ वह कोई भेद क्यों बरतेगा! भवानंद ने उससे कहा कि उसे सोने का किला दिखाएँगे और बस फिर क्या था! जो भी हो, निराश तो मैं नहीं हुआ बल्कि जिद्द पर ही चढ़ गया। पैसे का बटुआ साथ ही था, इसलिए फटे कपड़ों की गठरी बना ली और नई राजस्थानी पोशाक पहनकर मैं राजस्थानी बन गया। नागरा पहनने का आदी मैं नहीं था, इसलिए पैर में फफोले पड़ गए। दूसरे दिन किसनगढ़ में आप लोगों के डिब्बे में आ बैठा। मारवाड़ से एक ही गाड़ी में जोधपुर तक आया। रघुनाथ सराय में ठहरा। शहर में एक परिचित थे–प्रोफेसर त्रिवेदी–शुरू में उनसे कुछ नहीं कहा। ज्यादा हो-हल्ला होने से वे लोग भाग सकते हैं या कि मुकुल भी डरकर सकपका जाएगा। मैंने यह खुद समझ लिया था कि जैसलमेर ही असली जगह है। अब सिर्फ इंतजार करनी बाकी थी–कब भवानंद मुकुल को लेकर जैसलमेर की ओर चल पड़ेगा। उससे पहले मेरा काम सिर्फ भवानंद और मुकुल पर आँख रखना होगा।'

'उस दिन सर्किट-हाउस के बाहर आप ही तो चक्कर लगा रहे थे?'

'हाँ, और उससे भी एक झमेला उठ खड़ा हुआ था। मुकुल ने मुझे पहचान लिया था। पहचानकर ही वह सीधा मेरी तरफ चला आ रहा था।'

'उसके बाद आप भवानंद का पीछा करते हुए पोकरण की गाड़ी में चढ़े।'

'हाँ, और मजेदार बात यह है कि ट्रेन से मैंने देखा कि आप लोग गाड़ी रोकने का प्रयत्न कर रहे हैं।'

'वह तो शायद भवानंद ने भी जरूर देखा होगा और इसीलिए वह

जान गया था कि रामदेवरा से हम गाड़ी पकड़ेंगे।'

डॉ. हाजरा कहते जा रहे थे, 'ट्रेन में चढ़ने से पहले त्रिवेदी को मैंने जैसलमेर की पुलिस को फोन कर देने के लिए कह दिया था। और उसी के घर पर बैठे हुए कलकत्ता से फोन होने पर मैं जान गया था कि आप लोग भी आ गए हैं। और उसके बाद मैं त्रिवेदी का सूट माँगकर बाबू सा'ब बन गया।'

फेलूदा ने कहा, 'पोकरण पहुँचकर शायद आपने देखा कि भवानंद का एसिस्टेंट टैक्सी लेकर हाजिर खड़ा है।'

'वहीं तो गड़बड़ हुई, आई लॉस्ट देम : दस घंटे तक इंतजार करने के बाद फिर रात की गाड़ी पकड़नी पड़ी। उसी गाड़ी में आप भी सफर कर रहे हैं यह मुझ नहीं मालूम था। आपको पहली बार इस डाक-बँगले में ही देखा। अब मेरा प्रश्न है कि आपको भवानंद पर पहली बार कहाँ शक हुआ?'

फेलूदा ने हँसकर कहा, 'भवानंद पर कोई शक हुआ है यह कहना गलत होगा, दरअसल शक हुआ डॉ. हाजरा पर। जोधपुर में नहीं, बीकानेर में देवीकुंड जाने पर देखा कि महाशय के हाथ-पाँव बँधे पड़े हैं। और उसके ठीक पहले ही मुझे एक दियासलाई की डिब्बी पड़ी मिली थी—टक्का छाप दियासलाई। यह माचिस राजस्थान में तो बिकती नहीं। उसके बाद महाशय को इस हालत में देखकर मैं यह समझ गया कि जिन साहब की वह माचिस थी उन्हीं का यह कुकर्म भी था। लेकिन फिर यह भी देखा कि यहाँ तो बाँधने में भी कोई गड़बड़ है। एक आदमी के हाथ-पाँव दोनों एक साथ बँधे हों तब तो उसकी विवशता समझ में आती है लेकिन हाथ ही अगर सिर्फ पीछे की ओर बँधे हों तो अक्ल से थोड़ा काम लेकर हाथों को पाँवों के नीचे से निकाला जा सकता है और हाथ सामने लाकर खोलने का प्रयत्न किया जा सकता है। यह समझ में आया कि महाशय ने खुद ही यह काम किया था। यह सब समझते हुए ही मैं सोच रहा था कि क्या डॉ. हाजरा ही असली अपराधी है। आखिर में आज गाड़ी में आपके पैड पर भवानंद

द्वारा लिखी हुई चिट्ठी देखते-देखते मेरी आँखें खुल गईं।'

'वह कैसे?'

'कागज पर जो नाम छपा है उसमें 'जे' से हाजरा लिखा गया है। और चिट्ठी के नीचे जो दस्तखत किए गए हैं वहाँ 'जैड' लिखा है। इसी से यह तय हो गया कि ये हाजरा असल हाजरा ही नहीं हैं। लेकिन ये साहब फिर कौन हुए? जरूर ही ये उन्हीं लोगों में से एक होंगे जो कलकत्ते में नीलू को पकड़कर ले गए थे। और दूसरे सज्जन मंदार बोस हैं—जिनके दाहिने हाथ का एक नाखून बढ़ा है, और जिनके मुँह में सिगार की बू मैंने भी पाई है और नीलू ने भी पाई थी। लेकिन तब असली हाजरा कौन आदमी है और अब वे कहाँ हैं? इसका जवाब एक ही हो सकता है—तब हाजरा वही हैं जिन्होंने नागरा पहनकर पाँवों में छाले डाले थे, किसनगढ़ में हम लोगों के साथ एक डिब्बे में चढ़े थे, सर्किट-हाउस और बीकानेर के किले के आस-पास घूम रहे थे और जैसलमेर के डाक-बँगले में लाठी लिए हुए लँगड़ा रहे थे।

डॉ. हाजरा बोले, 'सुधीर बाबू ने आपको सूचना देकर बहुत ही बुद्धिमानी का काम किया है क्योंकि मैं अकेला इनसे नहीं निपट सकता था। भवानंद के असिस्टेंट को तो आप ही लोगों ने मजा चखाया। अब उनके हाथ में हथकड़ी पड़ते ही सोलहों कलाएँ संपन्न हो जाएँगी।'

फेलूदा लालमोहन की तरफ देखकर बोले, 'मंदार बोस पर पहला शक करने के पीछे इनका काफी कॉन्ट्रीब्यूशन है।'

लालमोहन बाबू इस बीच कई बार कुछ कहना चाह रहे थे लेकिन कह नहीं पाए थे। अब उन्होंने आखिर कह ही दिया।

'अच्छा सर, उसे छुपे खजाने का चक्कर क्या रहा?'

'वहाँ जो मोर उसकी रखवाली कर रहा है उसे करने दीजिए ना।'

डॉ. हाजरा ने कहा, 'उसे ज्यादा छेड़ने से क्या हालत होती है यह तो आपने देख ही लिया।'

फेलूदा ने कहा, 'फिलहाल आपके पास मेरा जो गुप्त धन रखा है

उसे तो वापिस करिए। लेकिन जिस तरह से आपका कोट कमर पर ऊपर चढ़ गया है उससे इसे अब और अधिक गुप्त नहीं कहा जा सकता।

लालमोहन बाबू ने अनमने भाव से ही मंदार बोस की पिस्तौल निकालकर फेलूदा को थमा दी।

उसे हाथ में लेकर फेलूदा 'थैंक्यू' कहते हुए यकायक गम्भीर हो गए, मालूम नहीं क्यों। उसके बाद पिस्तौल को घुमाकर इधर-उधर से देखा और फिर बड़बड़ाए, 'आपकी बलिहारी हो मिस्टर ट्रॉटर, इस तरह प्रदोष मित्तिर को आपने धोखा दिया?'

'क्या मामला है? क्या हुआ?' हम सभी एक साथ बोल उठे।

'अरे, यह तो एकदम नकली है—मेड इन जापान—मैजीशियन लोग स्टेज पर ऐसा ही रिवॉल्वर इस्तेमाल करते हैं।'

सब एक साथ हँस पड़ें इससे पहले ही फेलूदा के हाथ से रिवॉल्वर लेकर जटायू बोले—'फॉर माई कलेक्शन—एंड एज ए स्मृति-चिह्न ऑफ अवर पावरफुल एडवेंचर इन राजस्थान—थैंक्यू सर।'

●●●